Manfred Böckl

Prophezeiungen zum Dritten Weltkrieg

Wann und wie wird es passieren?
Welche Teile Europas sind betroffen?
Wie und wo kann man in Bayern überleben?

W0236614

Manfred Böckl

Prophezeiungen
zum
Dritten Weltkrieg

**Wann und wie wird es passieren?
Welche Teile Europas sind betroffen?
Wie und wo kann man in Bayern überleben?**

SüdOst Verlag

Bibliografische Information der Deutschen Nationalbibliothek

Die Deutsche Nationalbibliothek verzeichnet diese Publikation in der Deutschen Nationalbibliografie; detaillierte bibliografische Daten sind im Internet über http://dnb.dnb.de abrufbar.
978-3-95587-718-7

2. Auflage 2018
ISBN 978-3-95587-718-7
Alle Rechte vorbehalten!
© 2018 SüdOst Verlag in der
Battenberg Gietl Verlag GmbH, Regenstauf
www.battenberg-gietl.de

Inhalt

**Die Propheten und ihre Visionen
von der Globalkatastrophe**

**Aussagen der Visionäre zum zeitlichen und
geographischenAblauf der Globalkatastrophe**

Einführung

„Eure Häuser werden zu Fuchs- und Wolfshütten werden!" So lautet einer der Kernsätze in den Weissagungen des Aschenbrenners und Visionärs Andreas Stormberger, der im 18. Jahrhundert im Glashüttendorf Rabenstein bei Zwiesel im Bayerischen Wald lebte und in gewisser Weise ein Vorläufer des sehr viel bekannteren Bayerwaldpropheten Mühlhiasl war. Mit seinem schaurigen Bild von den Glasmacher- und Bauernanwesen, in denen keine Menschen mehr wohnen, sondern nur noch wilde Tiere hausen, umschreibt der Stormberger äußerst griffig den völligen Zusammenbruch der modernen Zivilisation – und seine Vorhersage deckt sich mit den beklemmenden Visionen zahlreicher anderer Hellsichtiger, die allesamt eine Globalkatastrophe prophezeiten, welche der Menschheit im 21. Jahrhundert droht.

Im Zusammenhang mit dieser Menschheitskatastrophe sprach der Mühlhiasl vom „Weltabräumen"; einen Dritten Weltkrieg, den er infolge eines ökologischen und sozialen Desasters ebenfalls toben sah, bezeichnete er als den „Bänkeabräumer", und die visionären Worte des Mühlhiasl haben großes Gewicht, denn er sagte bereits um das Jahr 1800 den Ausbruch des Ersten und des Zweiten Weltkrieges zeitlich präzise voraus. In der Mitte des 20. Jahrhunderts wiederum warnte der oberbayerische Brunnenbauer, Rutengänger und Prophet Alois Irlmaier vor einer Globalkatastrophe und schilderte deren grauenhafte Auswirkungen auf Europa in vielen Details; dasselbe tat wenige Jahrzehnte später ein paranormal veranlagter österreichischer Landwirt, der als „Bauer aus dem Waldviertel" in die Prophezeiungsliteratur eingegangen ist.

Kurz vor und nach der Jahrtausendwende traten in Altbayern mehrere weitere Visionäre an die Öffentlichkeit, welche erschreckende Vorhersagen für die nahe Zukunft machten. Die Oberpfälzerin Berta Hacker, die 2004 verstarb, hatte unter anderem einen nuklearen GAU mit fürchterlichen Folgen für Bayern, die Tschechische Republik und Österreich erschaut. Der Rutengänger und Gastwirt Josef Kronschnabl aus dem Bayerischen Wald, der 2001 unter spektakulären Umständen zu Grabe getragen wurde, hatte vor seinem Tod immer wieder beschwörend auf die Gefahren hingewiesen, welche von den aggressiven Ultrakurzwellen der Mobiltelefone, der sogenannten „Handys", ausgehen. Er warnte vor schwersten Gehirnschäden bei Menschen und Tieren aufgrund der elektronischen Umweltverseuchung und prophezeite ferner ein gesellschaftliches Debakel, das schon in Bälde von den weitverbreiteten Computerspielen, insbesondere den „Killerspielen", verursacht werden würde. Außerdem wurden die Visionen von zwei Bauern aus dem oberfränkischen Selb und dem Zellertal im Bayerwald bekannt; beide Landwirte, die noch leben, aber anonym bleiben möchten, hatten Gesichte, in deren Verlauf sie entsetzliche Kriegs- und Katastrophenszenen erblickten.

Was die Bauern aus Selb und dem Zellertal erschauten, spielte sich vorwiegend in ihrer engeren nord- oder ostbayerischen Heimat ab; andere Propheten wieder hatten Visionen, in denen sie das Wüten der Globalkatastrophe quasi von kontinentaler oder sogar kontinentübergreifender Warte aus beobachten konnten. Solche Paranormale waren vor allem der norwegische Eismeerfischer Anton Johansson, der 1929 verstarb, und der Mönch von Wismar, der seine Prophezeiungen Anno 1709 niederschrieb. Aber auch die Sibylle von Prag (ca. 1570 – 1658) und der Blinde Hirte von Prag, der im 14. Jahrhundert lebte, hinterließen uns Weissagungen von überregionaler Bedeutung, und dasselbe gilt für den britischen Druiden Myrddin, respektive Merlin (ca. 450 – 520) sowie den Tempelritter Johannes von Jerusalem, der sein „Buch der Prophezeiungen" Anno 1117 verfasste.

Darüber hinaus existieren einschlägige visionäre Aufzeichnungen des Salzburger Klerikers Bartholomäus Holzhauser (17. Jahrhundert), des Bayerwaldhirten Prokop (1887 – 1965) und des Bauernknechts Sepp Wudy aus dem Böhmerwald, welcher – ganz wie er es vorhergesagt hatte – als Soldat im Ersten Weltkrieg fiel. Von Holzhauser stammt eine Weissagung, welche das Schicksal der ganzen

Welt betrifft; Wudy und Prokop hatten Schauungen, die sich eher auf ihr lokales Umfeld bezogen – und wenn man die regionalen und überregionalen Prophezeiungen all der genannten Hellsichtigen miteinander kombiniert, dann entsteht ein erschütterndes Szenario: ein Schreckensgemälde, das sehr viele verschiedene Facetten der drohenden Menschheitskatastrophe zeigt.

Im ersten Teil dieses Buches sollen die „apokalyptischen" Visionen der oben aufgeführten Propheten im genauen Wortlaut vorgestellt werden, wobei deutlich werden wird: Die teils schon vor Jahrzehnten, teils bereits vor Jahrhunderten oder in Merlins Fall sogar vor eineinhalb Jahrtausenden abgegebenen Weissagungen gewinnen angesichts der fatalen Entwicklungen in unserer Zeit plötzlich brandaktuelle globale Brisanz. Im zweiten Buchteil sollen die Schauungen zusammenfassend interpretiert werden; im dritten Buchteil soll sodann die Frage gestellt werden: Wie wird sich das „Große Weltabräumen", so es denn tatsächlich über uns hereinbricht, speziell in Bayern auswirken? Auch darauf geben die Visionäre des süddeutschen und teilweise des böhmischen Sprachraumes verblüffend klare Antworten; beispielsweise nennen sie Landstriche und Orte, wo die Menschen Schutz vor der Vernichtung finden können.

Doch ehe wir uns damit beschäftigen, wollen wir die zutiefst aufwühlenden Weissagungen über die Globalkatastrophe kennenlernen, wobei zu beachten ist, dass ein Teil der Prophezeiungs-Zyklen gekürzt wurde, um ihre Kernaussagen hinsichtlich der Menschheitskatastrophe um so deutlicher hervortreten zu lassen.

Erster Buchteil

Die Propheten und ihre Visionen von der Globalkatastrophe

Andreas Stormberger

Der Stormberger, auch Starnberger oder Sturmberger genannt, lebte als Aschenbrenner (Hersteller von Pottasche, die von Glasmachern benötigt wurde) im Dorf Rabenstein bei Zwiesel im Bayerischen Wald. Er wurde irgendwann in der ersten Hälfte des 18. Jahrhunderts geboren; Anno 1766 wird er in einer Lohnabrechnung der Rabensteiner Glashütte greifbar, und vermutlich aus derselben Zeit stammt die älteste Aufzeichnung seiner Visionen, die von dem damaligen Glashüttenmeister angefertigt wurde.

***

„Es werden in allen Orten neue Einrichtungen da sein. Doch die alten würden viel besser sein. In allen Städten wird es auf die neue Art sein, und die gescheckerte Tracht wird hochgeachtet werden.

Hier im Wald werden große Häuser wie Paläste gebaut werden. Mit der Zeit aber werden sie wieder zu nichts werden, und in manchen von ihnen werden dann die Füchse und Hasen ihre Jungen aufziehen.

Der Hochmut wird in den Städten einreißen, und kein Mensch wird mehr nach seinem Stand leben. Danach wird sich ein großer Krieg erheben und wird sich immer mehr ausbreiten und wird viel Blut und Menschenleben kosten. Dieser Krieg wird eine lange Zeit andauern, dann endet er plötzlich, und es wird in Bayern übel ausschauen.

Ein Streifen neben dem Böhmerwald wird bleiben, wo man den größten Sturm mit drei Laib Brot überleben kann, wenn man noch Brot hat. Und wer am Donaustrom noch eine Kuh findet, der soll ihr eine silberne Glocke umhängen.

Die Leute werden vor dem Hunger und dem Sterben davonrennen. Sie werden in andere Länder laufen, die im Krieg entvölkert worden sind, und wo keiner mehr lebt. Dort werden eure Nachkommen von vorne anfangen, und eure Häuser hier im Wald werden zu Fuchs- und Wolfshütten werden.

Wer es überleben will, der muss einen Eisenkopf haben. Nach dem gro-
ßen Krieg werden die Leute wieder froh sein, wenn einer den anderen
sieht, und die Leute werden so wenig sein, dass man sie leicht zählen
kann."

Mühlhiasl

Der wohl berühmteste bayerische Prophet wurde im September 1753 in Apoig (Gemeinde Hunderdorf) im heutigen Landkreis Straubing-Bogen geboren und starb vermutlich 1809 in Rabenstein bei Zwiesel. Mit bürgerlichem Namen hieß er Matthäus Lang; zunächst bewirtschaftete er die Apoiger Klostermühle, die er von den Prämonstratensermönchen der nahegelegenen Abtei Windberg gepachtet hatte. 1801 jedoch vertrieben ihn die Mönche von der Mühle, und von da an führte Matthäus Lang ein unstetes Dasein. Teils war er als wandernder Mühlenarbeiter tätig; teils verdiente er seinen Lebensunterhalt als Köhler und Waldhirte in den Forsten des Rabensteiner Glashüttengutes, und in dieser Zeit hatte er offenbar auch seine großen Visionen. Nach seinem Tod wurde der Mühlhiasl, welcher der katholischen Kirche stets ablehnend gegenübergestanden hatte, „schändlich" in einem ungeweihten Grab außerhalb der Zwieseler Friedhofsmauer verscharrt. Seine Prophezeiungen aber blieben in der Volksüberlieferung lebendig, und heute lässt sich sagen, dass sie sich bereits vielfach bewahrheiteten.

Unter anderem verkündete Matthäus Lang: „Wenn auf dem Zwieseler Kirchturm die Birkenbäume wachsen und so lang wie eine Fahnenstange geworden sind, geht's an!" – und im Sommer 1914, als der Erste Weltkrieg ausbrach, waren hinter einer umlaufenden Brüstung unterhalb der Kirchturmspitze tatsächlich die vom Mühlhiasl beschriebenen Birken aufgeschossen. Ebenso exakt machte Matthäus Lang den Beginn des Zweiten Weltkrieges am Bau einer neuen Donaubrücke in Straubing fest; auch eine Reihe weiterer einschneidender Ereignisse wie etwa die Weltwirtschaftskrise in den Zwanziger Jahren des vergangenen Jahrhunderts oder das gegenwärtige Waldsterben sagte der Mühlhiasl richtig voraus – und deshalb kann kaum ein Zweifel daran bestehen, dass auch seine Visionen von einer Globalkatastrophe keine Hirngespinste waren.

***

„Eine Zeit kommt, wo die Welt abgeräumt wird und die Menschen wieder wenig werden.

Wenn alles drunter und drüber geht, dann ist die Zeit da. Wenn sich die Bauern gewanden wie die Städter und die Städter wie die Narren, und wenn man Männlein und Weiblein zuletzt nicht mehr auseinanderkennt, dann ist es nicht mehr weit hin. Wenn man Winter und Sommer nicht mehr auseinanderkennt, und wenn die kurzen Sommer kommen, dann steht es nimmer lang an.

Vom Hennenkobel bis zum Rachel wird man durch keinen Wald mehr gehen müssen. Wenn der Wald ausschaut wie dem Bettelmann sein Rock und ebenso viele Löcher hat, dann kommt die Zeit.

Gesetze werden gemacht, werden aber nicht mehr ausgeführt. Das Holz wird so teuer wie der Zucker, es langt aber. Einerlei Geld kommt auf.

Von Osten her wird es kommen und im Westen aufhören. Sobald es angeht, ist einer über dem anderen. Raufen tut alles. Wer etwas hat, dem wird's genommen. Dann geht es los wie das Donnerwetter in der Luft. Wenn ihr in der Frühe aufsteht und zum Fenster hinausschaut, schauen sie schon herein auf euch. Denn sie kommen wie der Dieb in der Nacht.

Wenn einer noch nicht im grauen Rock drinnen ist, kommt er nicht mehr hinein. Wilde Leute kommen herein und vernichten alles.

In jedem Haus ist Krieg. In den Städten geht alles drunter und drüber. Kein Mensch kann mehr dem anderen helfen. Sie werden sich Zäune ums Haus machen und auf die Leute schießen. Die reichen und noblen Leute werden umgebracht. Wer feine Hände hat, wird totgeschlagen. Der Städter läuft zum Bauern aufs Feld und sagt: Lass mich ackern! Der Bauer erschlägt ihn mit der Pflugreut'n.

Zuvor werden viele Häuser gebaut wie Paläste, und dann werden einmal die Brennnesseln aus den Fenstern wachsen. In Zwiesel werden so große Häuser gebaut, dass man von ihren Dächern über die ganze Stadt schauen kann. Sie werden aber nicht lange stehen und werden zerstört werden. Es werden große Häuser gebaut werden. Aber die Besitzer möchten gern mit dem Häuselmann tauschen, weil solche Steuern kom-

men, dass sie nicht einmal die Großen bezahlen können. In den Glaser-
häusern werden die Brennnesseln zu den Fenstern herauswachsen.

Jeder wird einen anderen Kopf aufhaben, und eins wird das andere
nicht mehr mögen. Der Bruder wird den Bruder nicht mehr kennen und
die Mutter die Kinder nicht. Zwei Holzhauer sitzen auf einem Stock und
dürfen einander nicht trauen.

Gesetze werden gemacht, die niemand mehr achtet, und Recht wird
nicht mehr Recht sein. Keiner denkt daran, dass das göttliche Strafge-
richt kommt.

Die Rotjankerl werden auf den neuen Straßen herankommen. Aber
über die Donau kommen sie nicht. Über den Hennenkobel und den Falkenstein werden sie kommen. Über die Brücke vom Schwarzen Regen
werden Soldaten ziehen.

Dann wird der Teufel ohne Füße und Kopf über das Waldgebirge reiten. Er wird alle Farben haben und sein wie Glas.

Die Schwarzach-Mühle braucht kein Wasser mehr, weil so viel Blut
daherschwimmt. Ein Blutbach wird zu Tal rauschen. Der Blutbach wird
die morschen Mühlenräder aufschrecken, die im Geröll ausgetrocknet
und in wildklunsigen Rinnen erdürstet sind.

Die letzte Schlacht wird sein vom Kalten Baum bis zum Schwarzen
Wasser; dort, wo die Kirche verkehrt steht. Die letzte Schlacht ist bei der
Neuerner Trat. So viel Feuer und Eisen hat noch keiner gesehen.

Der letzte Krieg wird der Bänkeabräumer sein. Er wird nicht lange
dauern. Es wird so schnell gehen, dass kein Mensch es glauben kann,
aber es gibt viel Blut und Leichen. Es wird so schnell gehen, dass einer,
der beim Rennen zwei Laib Brot unterm Arm hat und einen davon verliert, sich nicht darum zu bücken braucht, weil er mit einem Laib auch
langt.

Die Leute vom Forellenwasser, die sich am Fuchsenriegel und am Falkenstein verstecken, werden gut überdauern. Versteckt euch in den Wäldern im Perlbachtal und beim Buchberg, auf der Käsplatte bei Englmar
und im Bergwerk zu Bodenmais; im Gäu draußen in den Kornmanndeln.

Die wenigen, die übrigbleiben, werden sich schutzsuchend aus der ganzen Umgebung innerhalb der Windberger Klostermauer sammeln. Aber dann werden sie Steine zu Brot backen und Brennnesseln essen. Man wird sagen: Ich habe Graswurzeln gegessen.

Alles wird dann durcheinander sein. Wer's überlebt, muss einen eisernen Kopf haben.

Es wird nichts nützen, wenn die Leute wieder fromm werden und die alten Kruzifixe wieder aus den Schränken hervorholen. Sie werden krank, kein Mensch kann ihnen helfen.

Im ganzen Wald wird kein Licht mehr brennen, und das wird lange dauern. Es wird erst vorbei sein, wenn kein Totenvogel mehr fliegt. Danach sind wenig Leute. Zur Nacht zündet einer ein Licht an und schaut, wo noch jemand eins hat. Wer eine Kronwittstaude sieht, geht drauflos, ob's nicht ein Mensch ist.

Wenn man an der Donau und im Gäuboden noch eine Kuh findet, muss man ihr eine silberne Glocke anhängen. Einem Ross muss man ein goldenes Hufeisen aufschlagen. Im Wald drinnen krähen noch Gickerl.

Das Bayerland im besonderen wird verheert und verzehrt von seinem eigenen Herrn. Am längsten wird's stehen, am schlechtesten wird's ihm gehen. Das Böhmerland wird mit dem eisernen Besen ausgekehrt.

Hinter einer Arschlingskirche, wo der Altar nach Osten schaut, unter zwei Lindenbäumen, da kommen sie zusammen, die Großen. Sie geben einander die Hände und sagen: Was haben wir angefangen!

Die Pfarrer werden sich Hände und Gesichter anrußen, damit man sie nicht erkennt. Der Glauben wird so dünn, dass man ihn mit der Geißel abhauen kann.

Der Fuhrmann haut mit der Geißel auf die Erde und sagt: Da hat die Straubinger Stadt gestanden.

Nachher, wenn die Welt abgeräumt ist, kommt eine schöne Zeit. Die es überstanden haben, werden sich grüßen: Bruder, lebst du auch noch?

Dann kannst du dir um ein goldenes Zehn-Mark-Stückl einen Bauernhof kaufen und um ein Zwanzig-Mark-Stückl eine Villa. Aber zuerst musst du auswandern.

Der erste Schub tut mit Freuden fort. Der zweite geht auch noch gern. Die Dritten aber wollen nicht mehr, weil man von den Ersten und Zweiten nichts mehr hört und sieht. Die Dritten werden auf den Wagen gebunden. Die müssen fort. Die gehen in ein anderes Land, wo es warm ist.

Das wird nicht nur bei uns, sondern auf der ganzen Welt so sein, und Recht wird wieder Recht sein, und der Friede wird tausend Jahre gelten.

Aber einmal – und das ist weit – wird man Sommer und Winter nicht mehr auseinanderkennen, und die Sonne wird nicht mehr scheinen. Denn alles hat ein Ende, auch diese Welt."

Sepp Wudy

Der böhmisch-bayerische Hellseher lebte vor dem Ersten Weltkrieg im grenznahen Frischwinkel des heute tschechischen Böhmerwaldes und arbeitete dort als Bauernknecht. Als er 1914 zum Militär eingezogen wurde, erklärte er gegenüber seinem Dienstherrn: „Ich komme nicht wieder, weil ich in Eis und Schnee sterben muss!" Tatsächlich fiel Sepp Wudy als Soldat im Ersten Weltkrieg. Seine Prophezeiungen aber überlebten, denn der Frischwinkler Bauer hatte in einem Schreibkalender aufgezeichnet, was sein Knecht vor 1914 geweissagt hatte.

***

„Das ist nicht der letzte Krieg, denn dann wird bald wieder einer sein, und dann erst kommt der letzte. Einer wird schrecklicher als der andere.

Wenn du es erleben tätest, könntest du deinen Vetter in Wien von deiner Stube aus sehen, und wenn du ihn schnell brauchen würdest, könnte er in einer Stunde da sein.

Der Böhmerwald wird einmal versengt werden wie ein Strohschübel.

Rennt nicht davon, wenn die grauen Vögel fliegen; woanders wird es noch schlechter sein.

Es geht dem Ende zu, und das hat schon angefangen. Es wird dann wieder so sein wie vor hundert Jahren. So wird es die Leute zurückwerfen, und so werden sie für ihren Übermut bestraft.

Du hast das Essen vor dir und darfst es nicht essen, weil es dein Tod ist. Und du hast das Wasser im Grandl und darfst es nicht trinken, weil es auch dein Tod ist.

Aus dem Osser kommt noch eine Quelle, da kannst du trinken.

Die Luft frisst sich in die Haut wie ein Gift. Leg alles an, was du an Gewand hast, und lass nicht das Nasenspitzl herausschauen.

Setz dich in ein Loch und warte, bis alles vorbei ist; lange dauert's nicht. Oder such dir eine Höhle am Berg.

Wenn dir die Haare ausfallen, hat es dich erwischt. Nimm ein Kronwittbirl (Wacholderbeere) in den Mund, das hilft. Und sauf keine Milch, acht Wochen lang.

Es wird schlimm, und die Nachgeborenen müssen erst wieder schreiben und lesen lernen.

Der Anlass wird sein, dass die Leute den Teufel nicht mehr erkennen, weil er schön gekleidet ist und ihnen alles verspricht.

Wenn kein Uhmanndl mehr schreit und die Hasen zum Haus kommen und umfallen, dann geh weg vom Wasser und mähe kein Gras.

Dann gibt es keine Grenze mehr gegen Bayern, aber wo du dann bist, kann ich nicht sagen.

Aber was sage ich! Dich geht es ja nichts mehr an, aber sage es deinen Kindern und Kindskindern. Die haben damit zu tun und erleben am Ende die ganze Geschichte.

Ich verstehe auch die Leute nicht, dass sie gar keinen Herein haben. Und sie werden alleweil schlimmer und gottloser, so dass es so kommen muss. Und, wie gesagt, es wird wieder sein wie vor hundert Jahren.

Sehen täte ich noch mehr, aber ich kann es nicht begreifen und nicht sagen.

Mit dem Glauben geht es bergab, und alles wird verdreht. Es kennt sich niemand mehr aus. Die Oberen glauben schon gar nichts mehr, die kleinen Leute werden irre gemacht. In der Kirche spielen sie Tanzmusik, und der Pfarrer singt mit. Dann tanzen sie auch noch, aber draußen wird das Himmelszeichen stehen, das den Anfang vom großen Unheil ankündigt.

Es steht gegen Norden ein Schein, wie ihn noch niemand gesehen hat, und dann wird ringsum das Feuer aufgehen.

Geh nach Bayern; dort hält die Muttergottes ihren Mantel über die Leute, aber auch dort wird alles drunter und drüber gehen.

Es wird alles kommen, wie es der Stormberger gesagt hat, aber er hat nicht alles gesagt, oder sie haben ihn nicht verstanden. Denn es kommt viel schlimmer.

Bauer, sag es deinen Kindern: Sie sollen dem Berg zu rennen, wenn es kracht.

Ich bin nur ein Knecht, und ich weiß nicht, ob es ein guter oder ein böser Geist ist, der mir diese Sachen vormacht. Aber ich weiß, dass es einmal wahr werden wird."

Alois Irlmaier

Der Seher von Freilassing, wie er in seinen späteren Jahren auch genannt wurde, erblickte das Licht der Welt am 8. Juni 1894 in dem Weiler Scharam bei Maria Eck (nahe Siegsdorf) in Oberbayern. Seine Eltern bewirtschafteten einen kleinen Bauernhof; nach dem Ersten Weltkrieg, in dessen Verlauf er mehrmals verwundet wurde und einmal tagelang verschüttet in einem Bunker lag, übernahm Alois Irlmaier das Anwesen. Ein Zubrot verdiente er sich als Rutengänger; er spürte Wasseradern und Quellen auf und war darin so erfolgreich, dass sich sein Ruf bald weit über seine engere Heimat hinaus verbreitete. Als die Weltwirtschaftskrise der Zwanziger Jahre des vorigen Jahrhunderts zahlreiche Landwirte in den Ruin trieb, verlor auch Alois Irlmaier seinen Hof und brachte sich und seine Familie von da an als Brunnenbauer und Installateur mit Wohnsitz in Salzburghofen bei Freilassing durch.

Schon zuvor hatte Alois Irlmaier gelegentlich Visionen gehabt, und in der Zeit des Zweiten Weltkrieges kam seine hellseherische Gabe voll zum Durchbruch. Anhand von Soldatenfotos, die man ihm vorlegte, konnte Irlmaier erkennen, ob der Abgebildete noch lebte oder den Tod an der Front gefunden hatte. Tausende Angehörige von Soldaten kamen, oft von weither, zum Seher von Freilassing, und in den Nachkriegsjahren wurde er häufig von ratsuchenden Polizeibeamten aus dem In- und Ausland konsultiert, denen er mittels seiner paranormalen Fähigkeiten bei der Aufklärung einer ganzen Reihe von spektakulären Kriminalfällen behilflich war.

Ab den späten Vierziger Jahren des 20. Jahrhunderts schließlich wurde Alois Irlmaier von Visionen geplagt, in denen er die Greuel eines Dritten Weltkrieges vorhersah. Ein Teil dieser Prophezeiungen wurde erstmals 1950 von dem Traunsteiner Schriftsteller und Verleger Dr. Conrad Adlmaier publiziert; danach erschienen mehrere weitere Veröffentlichungen über die Schauungen des Sehers von Freilassing – und das nicht zu Unrecht, denn die Visionen Alois Irlmaiers, der am 26. Juli 1959 verstarb, sind von erschreckender Brisanz.

***

„Zwei Männer bringen einen dritten, einen Hochgestellten, um. Sie sind von anderen Leuten bezahlt worden. Der eine Mörder ist ein kleiner, schwarzer Mann. Der andere ist etwas größer, mit heller Hautfarbe. Ich denke, auf dem Balkan wird es sein, kann es aber nicht genau sagen. Südöstlich von uns geschieht es. Nach der Ermordung des Dritten geht es über Nacht los. Die Mörder können fliehen, aber dann passiert es.

Ich sehe ganz deutlich drei Zahlen, zwei Achter und einen Neuner. Was das bedeutet, weiß ich nicht; eine Zeit kann ich nicht sagen.

Dem Krieg geht voraus ein fruchtbares Jahr mit viel Obst und Getreide.

Von Sonnenaufgang kommt der Krieg, und es geht sehr schnell. Die Bauern sitzen beim Kartenspielen im Wirtshaus. Da schauen die fremden Soldaten bei den Fenstern und Türen herein.

Von der Goldenen Stadt geht es aus. Einen Dreier sehe ich, weiß aber nicht, sind's drei Tage oder drei Wochen.

Ganz schwarz kommt eine Heersäule von Osten, ganz schwarz kommt es über den Wald herein.

Es geht in drei großen Linien westwärts. Drei Heersäulen streben zum Rhein. Der erste Wurm geht vom blauen Wasser nordwestlich bis an die Schweizer Grenze. Der zweite Stoßkeil geht von Sachsen aus direkt nach Westen. Der dritte von Nordosten nach Südwesten.

Bis Regensburg steht keine Brücke mehr über die Donau. In die Gegend südlich vom blauen Wasser kommen sie nicht.

Die Feuerzungen fliegen unermesslich weit nach Nordwesten, nach Westen und Süden. Ich sehe sie wie Kometenschweife.

Die Stadt Landau/Isar leidet schwer durch eine verirrte Bombe oder Rakete.

Tag und Nacht rennen sie unaufhaltsam. Ihr Ziel ist das Ruhrgebiet.

Ich sehe die Erde wie eine Kugel vor mir, auf der nun die weißen Tauben heranfliegen. Aus dem Sand steigen sie auf, so viele, dass ich sie nicht zählen kann. Eine klare Nacht wird es sein, wenn sie zu werfen anfangen. Es regnet einen gelben Staub in einer Linie.

Die Goldene Stadt wird vernichtet, da fängt es an. Wie ein gelber Strich geht es hinauf bis zur Stadt in der Bucht.

Wo es hinfällt, lebt nichts mehr. Kein Mensch und kein Tier; die Pflanzen werden welk und schwarz. Die Panzer rollen noch, aber die Fahrer sind schon tot. Sie sind ganz schwarz geworden. Die Häuser stehen noch.

Was das ist, weiß ich nicht und kann es nicht sagen. Es ist ein langer Strich. Wer darüber geht, stirbt. Die herüben sind, können nicht hinüber, und die drüben nicht herüber.

Dann bricht bei den Heersäulen herüben alles zusammen. Sie müssen alle nach Norden. Was sie bei sich haben, schmeißen sie alles weg. Heim kommt keiner mehr von den drei Heereszügen.

Während oder am Ende des Krieges sehe ich am Himmel ein Zeichen. Finster wird es werden an einem Tag unterm Krieg. Während des Krieges kommt die große Finsternis, die zweiundsiebzig Stunden dauert.

Welche Jahreszeit es ist? Trüb, regnerisch und Schnee durcheinander. Vielleicht Tauwetter. Auf den Bergen ist Schnee, gelb schaut es aus. Herunten ist es schneefrei.

Dann bricht ein Hagelschlag aus mit Blitz und Donner, und ein Erdbeben schüttelt die Erde.

Aufs Hauptquartier schmeißen sie was runter. Nahe beim Hauptquartier sehe ich eine Kirche. Der Altar schaut nicht nach Osten, sondern nach Norden. Die Kirche sehe ich brennen.

Die Flieger werfen ihre kleinen, schwarzen Kästchen ab. Sie explodieren, bevor sie den Boden berühren. Ein Jahr lang darf kein Lebewesen dieses Gebiet mehr betreten, ohne sich größter Lebensgefahr auszusetzen.

Geht nicht hinaus aus dem Haus! Die Lichter brennen nicht, außer Kerzenlicht. Der Strom hört auf. Wer den Staub einatmet, kriegt einen

Krampf und stirbt. Macht die Fenster nicht auf! Hängt sie mit schwarzem Papier zu!

Alle offenen Wasser werden giftig. Und alle offenen Speisen, die nicht in verschlossenen Dosen sind. Esst auch keine Speise in Gläsern, die halten es nicht ab!

Draußen geht der Staubtod um. Es sterben sehr viele Menschen. Doch denen, die in den Bergen zwischen Watzmann und Wendelstein wohnen, passiert nichts; die brauchen keine Angst zu haben. Auch die Menschen im „Saurüssel" brauchen nichts zu fürchten. Genausowenig müssen die Münchner Angst haben, denn bei denen wird's zwar unruhig sein, aber passieren wird ihnen nicht viel. Nach zweiundsiebzig Stunden ist alles wieder vorbei.

Aber noch einmal sage ich es: Geht nicht hinaus! Schaut nicht zum Fenster hinaus! Lasst die Kerze oder den Wachsstock brennen.

Kauft ein paar verlötete Blechdosen mit Reis und Hülsenfrüchten. Brot und Mehl hält sich. Feuchtes verdirbt, außer in blechernen Konservendosen. Wasser aus der Leitung ist genießbar, nicht aber Milch.

Recht viel Hunger werden die Leute so nicht haben während der Katastrophe und der Finsternis.

Die Flüsse werden so wenig Wasser haben, dass man leicht durchgehen kann. Das Vieh fällt um. Das Gras wird gelb und dürr. Die toten Menschen werden ganz gelb und schwarz. Der Wind treibt die Todeswolken nach Osten ab.

Am Rhein sehe ich einen Halbmond, der alles verschlingen will. Die Hörner der Sichel wollen sich schließen. Was das bedeutet, weiß ich nicht.

Die Inseln vor der Küste gehen unter, weil das Wasser ganz wild ist. Da hebt sich das Wasser wie ein einziges Stück turmhoch und fällt wieder herunter. Ich sehe große Löcher im Meer. Die fallen dann wieder zu, wenn die riesigen Wellen zurückkommen.

Es gibt ein Erdbeben, und die große Insel wird zur Hälfte versinken. Drei Städte sehe ich untergehen. Die schöne Stadt am blauen Meer versinkt fast ganz im Meer und im Schmutz und Sand, den das Meer her-

auswirft. Ein Teil Englands verschwindet, wenn das Ding ins Meer fällt, das der Flieger hineinschmeißt. Dann hebt sich das Wasser wie ein festes Stück und fällt wieder zurück. Was das ist, weiß ich nicht.

Eine große Stadt wird durch Raketengeschosse vernichtet werden. Paris wird zerstört. Die eigenen Leute zünden es an.

In Russland bricht ein Bürgerkrieg aus. Die Leichen sind so viel, dass man sie nicht mehr wegbringen kann von den Straßen. Die Großen unter den Parteiführern bringen sich um. Im Blut wird die lange Schuld abgewaschen.

Im Stiefelland bricht eine Revolution aus. Ich glaube, es ist ein Religionskrieg, weil sie alle Geistlichen umbringen. Viele Kirchen stürzen ein. Ich sehe Priester mit weißen Haaren, die tot am Boden liegen. Hinter dem Papst ist ein blutiges Messer und tote Priester mit weißen Haaren. Der Papst flieht nach Südosten oder über das große Wasser.

Drei Neuner sehe ich. Der dritte Neuner bringt den Frieden. Nach der Katastrophe werden mehr Menschen tot sein als in den zwei Weltkriegen zusammen.

Frieden wird dann sein und eine gute Zeit. Die Gesetze, die den Kindern den Tod bringen, werden ungültig nach der Abräumung.

Wenn der Herbst kommt, sammeln sich die Leute in Frieden. Zuerst ist noch eine Hungersnot. Aber dann kommen so viele Lebensmittel herein, dass alle satt werden.

Die landlosen Leute ziehen jetzt dahin, wo die Wüste entstanden ist. Jeder kann siedeln, wo er mag, und Land haben, so viel er bebauen kann.

Durch die Klimaänderung wird bei uns wieder Wein angebaut. Es werden Südfrüchte bei uns wachsen. Es ist viel wärmer als jetzt.

Nach der großen Katastrophe wird eine lange, glückliche Zeit kommen. Wer's erlebt, dem geht's gut, der kann sich glücklich preisen."

Der Waldhirte Prokop

Der Visionär, der 1887 geboren wurde und 1965 starb, verbrachte sein Leben als Viehhirte auf den Schachten (Waldweiden) des Zwieseler Winkels im Bayerischen Wald. Mit bürgerlichem Namen hieß er Josef Schmid, doch von den Menschen, mit denen er zu tun hatte, wurde er zumeist Prokop gerufen. Seine Prophezeiungen wurden, ebenso wie die von Sepp Wudy, erstmals von dem Bayerwaldschriftsteller Paul Friedl publiziert.

***

„Ich schlaf und schlaf nicht, wenn ich in der Nacht in der Hütt'n liege.
Aber Sachen macht's mir vor, zum Grausen, und ich schlaf doch nicht, weil ich draußen meine Stiere höre und den Wind und den Regen.
Einmal seh ich, wie der Wind das Feuer daherbringt, und alle Bäume brennen wie die Zündhölzl.
Ein andermal seh ich, dass drunten alles verkommen ist. Kein Mensch ist mehr da und kein Haus. Bloß noch Mauertrümmer.
Und alleweil wieder kommen Wolken, feuerrot. Und es blitzt, aber es donnert nicht.
Und einmal ist alles finster, und drunten auf der Waldhausstraß' (Straße zum Ort Zwieseler Waldhaus) geht einer mit einem brennenden Ast und schreit: Bin i wirkli no da Letzt'? Bin i wirkli no da oanzig'?
Und nachher ist wieder der Himmel gelb wie eine Zitrone und ist so tief herunten.
Kein Vogel singt; ich find' keinen Stier mehr und kein Wasser.
Auf dem Berg ist keins mehr und drunten im Regen auch kein Tropfen mehr.
Muss ja auch so kommen, weil die Leute nichts mehr glauben. Ein jeder tut, als wär' er alleweil auf der Welt da, und ein jeder meint, was er wohl ist und noch werden könnt'.

Sie werden noch alle das Spinnen anfangen (größenwahnsinnig werden) und meinen, sie könnten von der Gescheitheit leben und nicht von der Arbeit.

Die, welche arbeiten, werden eh alleweil weniger, und die, welche von der Arbeit der anderen leben, alleweil mehr.

Das Regieren ist halt leichter als das Arbeiten.“

Josef Kronschnabl

In Rinchnach im Bayerischen Wald erinnert noch das Gasthaus „Rut'n Wirt" an den Hellseher Josef Kronschnabl. Der am 16. 2. 1940 geborene Kronschnabl erbaute die Gaststätte, ein Holzblockhaus, nach ökologischen Kriterien und bewirtschaftete sie bis zu seinem jähen und völlig unerwarteten Tod am 19. 2. 2001; seitdem ist seine Witwe Helga Kronschnabl dort als Wirtin tätig.

Im Bayerwalddorf Rinchnach war Josef Kronschnabl als Rutengänger, Pendler, Heilkundiger und Visionär bekannt. Immer wieder warnte er seine Freunde und Bekannten vor den gefährlichen Auswirkungen der elektronischen Umweltverschmutzung durch Mobiltelefone und andere moderne Digital- und Elektrogeräte. Und als der paranormal veranlagte Gastwirt im Februar 2001 beerdigt werden sollte, passierte etwas sehr Seltsames. Während die Trauergäste an diesem Spätwintertag am offenen Grab standen, herrschte sonniges Wetter; der Himmel war blau und wolkenlos. Plötzlich aber brach ein Schneesturm los und legte sowohl das Mikrophon des Pfarrers als auch die Elektronikverstärker der Musikkapelle lahm – ganz so, als hätte Josef Kronschnabl bei seiner Beisetzung nochmals ein unmissverständliches Zeichen setzen wollen.

Noch etwas anderes, das in eine ähnliche Richtung ging, geschah in den letzten Lebenswochen des Rinchnacher Paranormalen. Ungefähr vierzehn Tage vor dem jähen Tod Kronschnabls rief mich, den Autor dieses Buches, eine Bekannte des Rutengängers und Visionärs an, die ebenso wie Josef Kronschnabl verschiedene Bücher von mir gelesen hatte. Die Frau sagte mir, dass der „Sepp" unbedingt mit mir sprechen wolle und sie deshalb dringend gebeten habe, den Kontakt mit mir herzustellen. Gleich am nächsten Tag telefonierte ich mit Josef Kronschnabl, und er teilte mir mit bewegenden und teilweise richtiggehend beschwörenden Worten mit, welch schreckliche Entwicklungen er für die nahe Zukunft vorhersah. Anschließend machte ich mir Notizen über unser aufwühlendes Gespräch; etwa zwei Wochen danach rief die Frau erneut an, um mir vom überraschenden Hinscheiden des Rinchnacher Propheten zu berichten – und ich dachte tief berührt: Er hat seinen Tod vorausgeahnt und mir zuvor noch übermitteln wollen, was er für die kommende Zeit erschaute.

Hier die Warnungen und Visionen von Josef Kronschnabl. Die beiden ersten Textteile basieren auf Interviews, die ich mit Kronschnabls Witwe Helga und seinem ehemaligen Freund, dem in Rinchnach tätigen Steuerberater Franz Kroner, führte; der dritte Teil gibt meine eigenen Aufzeichnungen aus den ersten Februartagen des Jahres 2001 wieder.

***

Helga Kronschnabl:

„Der Sepp hat den Menschen viel Gutes getan; er hat geeignete Plätze für den Hausbau ausgependelt und Wasseradern gesucht. Oft konnte er die Wasseradern sogar ohne Wünschelrute aufspüren, ganz wie Alois Irlmaier.

Häufig sagte der Sepp, dass heutzutage allgemein falsch gebaut werde, denn man würde nicht mehr wie früher auf Wasseradern und Erdstrahlen achten.

Er riet den Leuten, die elektrischen Leitungen in ihren Häusern hoch oben in den Zimmerwänden verlegen zu lassen, damit der Strom bei ihnen keine gesundheitlichen Schäden oder Schlafstörungen auslösen könne.

Einer Frau aus Rinchnach hat der Sepp das Leben gerettet. Sie hatte Krebs und musste operiert werden. Nach der Operation fand der Sepp heraus, dass ihr Bett auf einer Kreuzung von Wasseradern stand. Er sagte der Frau, dass das Bett anderswo aufgestellt werden müsse. Das geschah, und der Krebs kam nicht wieder.

In den Handys und Mikrowellengeräten sah der Sepp eine große Gefahr. Er sagte immer, sie würden die Menschen und ganz besonders die Kinder krank machen. Deswegen reagierte er speziell auf diese Handys aggressiv; er konnte sie einfach nicht sehen.

Ebenso warnte der Sepp vor den Computerspielen. Von denen sagte er, sie seien äußerst schädlich. Sie würden vor allem die Kinder und Jugendlichen krank machen. Freilich könne man das nicht gleich so deutlich bemerken, weil die Krankheit oft viele Jahre brauche, um voll auszubrechen. Aber wenn die Jugendlichen dann erwachsen seien, würden sich die fatalen Auswirkungen der Computerspiele zeigen."

***

Franz Kroner:
"Der Josef konnte Krankheiten aufspüren. Er hat bestimmte Strahlungen als Ursachen für die Krankheiten erkannt und die Menschen auf diese Art geheilt. Als Heiler war er viel im Bayerischen Wald unterwegs.

Er benutzte auch das Pendel, um den Krankheiten auf die Spur zu kommen. Manchmal hat er über dem Foto eines Leidenden gependelt und so etwas über dessen Krankheit erfahren.

Zu den Mühlhiasl-Prophezeiungen sagte der Josef: Ja, das sehe ich auch!

Schon vor circa zwanzig Jahren, als die ersten Radiowecker aufkamen, hat der Josef vor den elektromagnetischen Strahlen gewarnt. Oft äußerte er: Das bringt uns alle noch um!"

***

Die Aussagen Josef Kronschnabls gegenüber dem Autor:
"Die aggressive Strahlung der Handys und der Funkmasten, die man zu ihrem Betrieb braucht, zerstört irgend etwas in den Gehirnen der Menschen. Da wird etwas im Kopf kaputt gemacht, und die Leute werden davon noch verrückt werden.

Genauso wird es bei den Tieren sein. Die Kühe auf der Weide werden vom Wahnsinn gepackt, und dann laufen sie Amok. Man darf sich nicht mehr zu ihnen hintrauen, weil sie so unberechenbar wie wilde Tiere geworden sind. Auch bei den Hunden, Katzen und anderen Tieren wird

30

das so sein. Und es kann passieren, dass ein Hund, der immer kinderlieb war, auf einmal ein Kind anfällt und es totbeißt.

Die Strahlen zerstören auch etwas in den Pflanzen. Das Getreide zum Beispiel wird zwar noch wachsen, aber es wird keinen Nährwert mehr haben. Und das kann bedeuten, dass eine Hungersnot bei uns ausbricht. Die Computer, besonders die Computerspiele, richten einen fürchterlichen Schaden an. Die zerstören auch etwas in den Gehirnen, und am schlimmsten ist es bei den Kindern und Jugendlichen. Die werden dann irgendwann genauso bösartig wie die Tiere; sie werden dann oft kriminell und gewalttätig.

Ich verstehe nicht, dass die Leute nicht merken, wie diese Strahlungen überall sirren. Ich spüre sie ganz genau; ich kriege Kopfweh davon, und sie machen mich krank. Ich kann es an Orten, wo die Strahlen auftreten, nicht aushalten. Deswegen habe ich auch das Blockhaus gebaut, wo das Holz die gefährliche Strahlung abschirmt."

Berta Hacker

Die Visionärin wurde im April 1920 im Weiler Schachten bei Eschlkam in der Oberpfalz geboren und wuchs dort auf dem elterlichen Bauernhof auf. 1943 heiratete sie auf den Gaishof bei Eschlkam, und in den Jahrzehnten nach dem Zweiten Weltkrieg wurde das Anwesen zu einem Ferienbauernhof ausgebaut. Bis zu ihrem Tod im November 2004 betrieb die als außergewöhnlich fromm geltende Berta Hacker die ländliche Fremdenpension; im reiferen Alter erlebte sie immer wieder Schauungen, und 1991 verhinderte sie nach eigenen Angaben gefährliche Störfälle in einem norddeutschen und einem ostdeutschen Atomkraftwerk, weil sie deren Chefingenieure, die sich als Feriengäste bei ihr aufgehalten hatten, auf verborgene Schäden in den Nuklearanlagen hingewiesen hatte.

Die folgenden Textauszüge sind der Autobiographie Berta Hackers entnommen, welche unter dem Titel „Berta – Bäuerin aus dem Bayerwald" 2002 im Selbstverlag erschien. Die hier vorgestellten Textstellen wurden gegenüber dem Original teilweise gekürzt und so auf ihren wesentlichen Aussagegehalt reduziert.

***

Im Frühjahr 1988 hatte Berta Hacker diese Vision:
„Vor mir sah ich einen großen Berg; er war kahl und nur mit wenigen Sträuchern bewachsen. Mit einem Mal stürzte von der Spitze des Berges ein gewaltiger Wasserschwall mit glasklarem Wasser zu Tal. Der Wasserschwall wurde zu einem großen Fluss und schwemmte viel Geröll mit. Am Fuß des Berges standen viele Häuser, die allesamt von den Fluten mitgerissen wurden. Auf halber Höhe des Berges stand eine jüngere, kräftige Frau nahe am strömenden Wasser. Sie trug ein blaues Arbeitsgewand und hatte ein Kind von vielleicht acht Jahren auf dem Arm. Das Gesicht der Frau war von Angst und Entsetzen gezeichnet; sie rief um Hilfe. Plötzlich wurde ihr das Kind von den Wassern entrissen und mit-

geschwemmt. *Es konnte einen großen Ast ergreifen und hielt sich, Hilfeschreie ausstoßend, daran fest.*

Mir fiel auf, dass das Wasser, obwohl es Geröll, Häuser, Bäume und Sträucher mitgerissen hatte, ganz klar blieb. In der folgenden Nacht wiederholte sich die schreckliche Vision mit den reißenden Wassern, aber ich empfand diese Schauung noch viel intensiver und wirklichkeitsgetreuer. Jedoch war das Wasser im Gegensatz zur ersten Vision nun schmutzig und trüb.

Später interpretierte Berta ihre Schauung von den Wassern so:

Das klare Wasser bedeutet: Die Eiskappen an den Polen werden abschmelzen, und dadurch wird der Meeresspiegel steigen. Das schmutzige Wasser bedeutet: Aufgrund des Abschmelzens der Polkappen wird es fürchterliche Überschwemmungen geben. Der tobende Fluss, der alles mit sich reißt, bedeutet: Die globalen Überflutungen, die auf den vom Menschen verursachten Klimawandel zurückzuführen sind, werden katastrophale Ausmaße annehmen. Das Bild von der Mutter, welcher das Kind entrissen wird, bedeutet: Die Menschheit wird während der bevorstehenden Naturkatastrophen von entsetzlichem Leid und milliardenfachem Tod heimgesucht werden."

***

Im August 1989 erlebte Berta Hacker folgende Schauung:

„Am Nachthimmel, weit weg am Horizont, konnte ich eine riesige, rot leuchtende Kugel oder Scheibe sehen. Sie stieg langsam höher, und dabei löste sich das Rot von der Scheibe; so, als wenn ein Tuch weggezogen würde. Und dann war die Scheibe weiß und strahlte viel Licht aus. Ganz plötzlich ging aus der Scheibe ein riesiges, durchsichtiges weißes Kreuz hervor. Das untere Ende des Längsbalkens ging zur Erde, das obere Ende ragte endlos weit in den Himmel. Der Querbalken breitete sich rechts und links ganz weit aus. Langsam bewegte sich das Kreuz auf mich zu, und dann war im Schnittpunkt der Balken eine leuchtende weiße Scheibe zu sehen, die etwa so aussah wie der Mond."

Diese Vision vertiefte sich im Dezember 1991, als Berta Hacker das Himmelskreuz abermals erblickte.

„An den vier Enden der Balken befanden sich nun Dreieck-Spitzen, die ganz stark leuchteten. Unter dem Kreuz tat sich eine schwarze Kluft auf. Am oberen Rand dieser Kluft konnte ich mehrere Bäume sehen. In die Kluft fielen mit einem Mal viele schwarze Körper, große und kleine. Es waren so viele, dass man sie nicht hätte zählen können. Ich hatte den Eindruck, als wären es menschliche Körper, aber ohne Arme, ohne Beine und ohne Köpfe.

Um das Kreuz und um die Kluft herum war, außer den Bäumen, nur gelber Sandboden. Das war ein Anblick, als wäre alles verwüstet. Ich empfand das Geschaute als Schreckensbild und verspürte große Angst – und dann sprach eine innere Stimme zu mir; sie sprach von einem Leichentuch, das über die Erde ausgebreitet werde."

***

Im Sommer 1990 hatte Berta Hacker ein weiteres paranormales Erlebnis:

„Ich fuhr mit dem Auto von Waldmünchen in Richtung Furth im Wald. Die Straße führte durch einen großen Wald. Auf einmal erschien mir die Gegend links und rechts von der Straße völlig unbekannt. Wo sonst hohe Fichten und dazwischen einige Laubbäume standen, sah ich jetzt eine weite, verwahrloste Landschaft mit vielen Büschen und wenigen Bäumen. Dann hörte ich plötzlich einen furchtbaren Lärm und ein Krachen wie von Explosionen.

Ich hatte Angst, fuhr aber weiter auf der geteerten Straße – und dann erblickte ich in einiger Entfernung eine riesige Baustelle mit halbfertigen Gebäuden und vielen Betonmauern. Ich fuhr mit dem Auto direkt darauf zu. Neben den Betonmauern sah ich einen gewaltig hohen Kran stehen. Mit diesem Kran wurden mehrere große, schwarze Stäbe, die wie riesige Zigarren aussahen, in einem Bündel aus einer Bodenöffnung emporgezogen und auf eine nahe Wiese gelegt. Auf dieser Wiese lagen schon eine Menge solcher schwarzer Stäbe. Vier- bis fünfmal hob der Kran Stäbe aus dem Erdloch, begleitet von ohrenbetäubendem Lärm. Dieses Donnern und Krachen hatte ich schon aus der Ferne gehört – und nun vernahm ich eine innere Stimme, die mir sagte: „Die Reaktoren sind kaputt!"

Ich fuhr direkt an den halbfertigen Gebäuden vorbei, und wegen des furchtbaren Lärms verspürte ich panische Angst. Danach führte die Straße schier endlos weit in ein Urwaldgebiet, und der schreckliche Lärm hörte allmählich auf. Es schien mir nun, als wenn ich mehr als einen Tag gefahren wäre: immer auf einer Teerstraße, welche durch einen endlos langen, wilden Urwald in einer rauhen Landschaft führte. Und dann fuhr ich auf der schmalen, geraden Straße einen langen Berg hinunter. Links von der Straße sah ich in einiger Entfernung, wie ein großer Wasserschwall von einem bewaldeten, langgezogenen Hang herunterströmte und in der Talsohle, auf die ich zufuhr, die Straße überflutete. Rechts von der Straße standen in einer anderen Niederung die Urwaldbäume schon meterhoch im Wasser. Immer mehr Wasser stürzte in Massen vom Berg herab; ich fuhr direkt auf die Wasserflut zu und dachte: Wo bin ich denn jetzt?! Ich muss ja schon weit in Russland sein!

Dann auf einmal kam ich wieder zu mir und stellte fest, dass ich bei der Ortschaft Ränkam war; etwa drei Kilometer von Furth im Wald entfernt.

Zwei Tage nach dieser schrecklichen Autofahrt erhielt ich von der Muttergottes einige Erklärungen. Sie sagte mir, dass ich in meiner Vision ein Atomkraftwerk gesehen hätte, das auf einer Erdbebenader gebaut werde, die von Jugoslawien nach Norden verläuft. Bei einem Erdbeben mit nur drei Stärkegraden auf der Richterskala würde der Reaktor so stark beschädigt werden, dass radioaktive Strahlung austrete. Die Madonna sagte mir auch, wo dieses Atomkraftwerk gebaut wird: bei Budweis in Tschechien. Die Muttergottes sprach auch noch von einem anderen Atomkraftwerk, dem von Temelin. Über dieses Atomkraftwerk sagte sie mir, es müsse so bald wie möglich untersucht und repariert werden – wenn nicht, würden die Reaktoren bersten.

Bei einer späteren Gelegenheit sagte mir die Madonna auch, dass Tschechien, Bayern und Österreich atomar verseucht werden würden, wenn man die gefährlichen Kraftwerke weiter betreibe – und die Reaktoren würden schon bald bersten."

***

In Furth im Wald erlebte Berta Hacker 1990 eine „Muttergotteserscheinung".

„Die Madonna trug ein schwarzes Kleid, darüber einen schwarzen Mantel und auf dem Haupt ein schwarzes Kopftuch. Sie sprach davon, dass in Sekundenschnelle sehr viele Menschen unvorbereitet sterben werden."

Bei anderen Gelegenheiten, zumeist ebenfalls in den Neunziger Jahren des vorigen Jahrhunderts, erhielt Berta Hacker die folgenden Botschaften von der „Muttergottes":

„Es wird eine Hitze kommen, eine so große Hitze. Es wird so trocken und so heiß sein. Die Erde wird Sprünge und Risse bekommen; so große Sprünge und Risse, dass selbst Häuser darin verschwinden.

Durch die Gifte, die in der Luft liegen, wird ein Drittel der Menschen den Verstand verlieren, und ein weiteres Drittel der Menschen wird zugrunde gehen.

Die Ärzte werden viel Arbeit bekommen. Es werden verschiedene Krankheiten auftauchen, die von den Ärzten nicht mehr erkannt und geheilt werden können.

Es wird eine Revolution kommen: von Iran nach Irak, von Irak nach Italien. Auf einem Platz in Italien werden viele Priester zusammenkommen, und sie werden alle umgebracht; nicht einer von ihnen wird am Leben bleiben.

Alle Religionen werden verschwinden.

An einem Sommertag wird eine Kälte kommen, eine große sibirische Kälte. Durch sie wird alles erfrieren, auf der ganzen Welt. Dadurch wird eine Hungersnot kommen auf der ganzen Welt. Richtet euch Brennmaterial her, Holz und Kohle, damit ihr nicht erfriert. Richtet euch zum

Trinken klares Quellwasser in Plastikkanistern her. Richtet euch in Blechdosen Speisen her, aber nur in Blechdosen. Richtet euch die Grundnahrungsmittel her und vergrabt sie im Garten, wo sie niemand findet, damit ihr überleben könnt. Durch die Hungersnot wird es ein Rauben, Morden und Plündern geben.

Am Himmel werden große und gewaltige Zeichen erscheinen. Die Sonne wird keinen Schein mehr geben. Der Mond wird als rote Scheibe am Himmel stehen. Die Sterne werden vom Himmel fallen. Eine dreitägige Finsternis wird die Erde heimsuchen."

***

Bei einem Gottesdienst im Frühjahr 1993 in Gallspach (Österreich), der von einem einheimischen und einem afrikanischen Priester zelebriert wurde, sah Berta Hacker, wie sich der Körper des Afrikaners in eine Landkarte verwandelte.

„Auf dieser Landkarte waren fünf Länder eingezeichnet, deren Flächen alle grün waren. Dann sah ich plötzlich lauter kleine schwarze Tiere, ähnlich wie Läuse, in ganz dichten Massen. Diese Tierchen breiteten sich sehr schnell über die fünf Länder aus. Die grünen Flächen der Länder färbten sich daraufhin alle sandgelb; ganz so, als wenn sie sich in Wüsten verwandelt hätten.

Wahrscheinlich handelte es sich bei den kleinen Krabbeltierchen in Wirklichkeit um Bakterien. Es könnten künstlich gezüchtete Bakterien sein, die als Kriegswaffe eingesetzt werden, um Menschen und Tiere mit Krankheiten zu infizieren; oder auch, um Pflanzen und Ernten zu schädigen und zu vernichten.

Angesichts der Grenzlinien auf der Landkarte und der Form der Länder dürfte es sich um die Staaten der Golfregion gehandelt haben."

Der Bauer aus Selb

Der Landwirt aus dem oberfränkischen Selb, von welchem die nachstehenden Visionen stammen, möchte anonym bleiben. Einen Teil seiner Schauungen vertraute er aber dem Schriftsteller Stephan Berndt an, der sie in seinem Buch „Prophezeiungen – Alte Nachricht in neuer Zeit" veröffentlichte; ebenso wurden Visionen des Bauern aus Selb in der Zeitschrift „Magazin 2000 plus" abgedruckt – und der hier folgende Prophezeiungstext vereinigt die Aussagen, welche der oberfränkische Paranormale gegenüber Stephan Berndt und dem „Magazin 2000 plus" machte.

***

„Es ist neun Uhr am Morgen, und wir haben etwa die zweite Oktoberwoche, wie ich am Stand der Sonne über dem Waldrand erkenne. Von Westen her wälzt sich rasend schnell eine braunviolette Wolkenwand, die von der Erde bis weit hoch in den Himmel reicht, wie ein Brecher über das Land.

Es wird finster. Als es wieder hell wird, ist von Horizont zu Horizont die Gegend ein bis zwei Meter hoch verschüttet mit Geröll. Mein Dorf ist weg, als ob da nie eines gestanden hätte. Die Horizontlinie der Berge von Tschechien hat sich jedoch nicht verändert.

Im Fichtelgebirge, das nur ungefähr vier Kilometer von Selb entfernt ansteigt, sieht es aus wie in der Sahara: keinerlei Vegetation, kein Anzeichen von Leben, feiner Sand, Dünen. Die Sonne geht im Westen auf! Es ist wärmer geworden, circa 35 bis 40 Grad! Am Bergfuß ragen aus dem Sand drei bis vier Meter hohe Baumstümpfe, die schwarz und verkohlt aussehen. Man sieht keinerlei Ruinen.

Zwei bis drei Jahre nach der Katastrophe wird das Land wieder bewirtschaftet."

Der Zellertaler Bauer

Das Zellertal im Bayerischen Wald erstreckt sich südlich des Kaitersberges in Richtung Bodenmais; der Visionär, von dem die folgenden Schauungen stammen, lebt als Landwirt in Drachselsried am südöstlichen Ende des Zellertales. Der hellsichtige Bauer teilte seine Visionen um das Jahr 2002 herum dem Schriftsteller Leo H. DeGard mit, und dieser veröffentlichte sie, ohne den Namen des Landwirts anzugeben, in seinem Sachbuch „Armageddon". Aus diesem Werk wurden die folgenden Prophezeiungen des Zellertaler Bauern in gekürzter Form übernommen; teilweise wurden die Textstellen, wo sie allzu umgangssprachlich klangen, stilistisch überarbeitet.

***

„Mitte Juni 2001 bekam ich plötzlich ein Gefühl, wie ich es noch nie zuvor hatte: Dass in diesem Jahr noch etwas Schreckliches passieren würde. Dieses Gefühl hielt tagelang an; ich dachte an ein schreckliches Flugzeug- oder Eisenbahnunglück. Auf diese Terroranschläge vom 11. September 2001 wäre ich aber nicht gekommen. Und dann, zwei Tage nach den Terroranschlägen vom 11. September 2001, bekam ich wieder so ein Gefühl: Noch in diesem Jahrzehnt wird eine Atombombe von Terroristen gezündet. Das Anschlagsziel sind wieder die USA. Ich konnte in einem Nachrichtenbeitrag im Fernsehen die Ostküste der USA erkennen – wo die Bombe aber genau gezündet werden wird, weiß ich nicht."

***

„Es ist ein Sommertag, und es ist hell; ob es aber noch Tag oder schon früher Abend ist, weiß ich nicht. Wir fahren nach Neukirchen b. Hl. Blut hinüber, auf der Straße von Arrach über Haibühl/Engelshütt zur Absetz hinauf. Das Autoradio läuft – und dann kommt eine Durchsage, dass in Deutschland bereits mehrere Atomsprengsätze gezündet wurden.

Wir sind gerade auf der abschüssigen Strecke hinunter nach Mais, als es plötzlich leicht rechts vor uns einen Lichtblitz gibt. Dann sehen wir, nur wenige hundert Meter von Mais entfernt, einen riesigen Feuerball. Kaum habe ich das Auto zum Stehen gebracht, wird es dunkel. Als es dann wieder hell wird, kann man recht gut hinunter nach Unterkaltenhof sehen. Die Häuser und Höfe sind zum Teil vollständig abgebrannt. Einige große, total verkohlte Tiere liegen herum; zehn sind es bestimmt.

Dann finde ich mich vor Neukirchen wieder – und zwar zwischen dem dortigen Wallfahrtsmuseum und der Straße, die von Rittsteig her nach Neukirchen führt. Das Dach des Wallfahrtsmuseums liegt nach Norden zu direkt neben den Häusern und ist völlig verbrannt. Eine Frau irrt zwischen den Trümmern umher. Ihr Gesicht ist ganz schwarz, Hautfetzen hängen ihr herunter, dann bricht sie zusammen. Ich sehe ein paar weitere Personen herumrennen, breche aber dann selbst auch zusammen. Von der ganzen Häuserzeile im Zentrum von Neukirchen steht nur noch ein Teil der Mauern. Kirchturm sehe ich keinen mehr. Entweder ist er nicht mehr da, oder ich kann ihn nicht sehen, weil alles voll bräunlichem Rauch ist. Wir steigen dann aus dem Auto; ob wir irgendwie noch heimkommen, weiß ich nicht.

Ich weiß aber, dass die Bombe am Boden einschlägt, weil der Feuerball direkt am Boden entsteht. Der Einschlagsort ist, wie ich anhand von Satelliten- und Luftbildern erkennen kann, einen Kilometer östlich der Talstation des Liftes am Hohen Bogen; in Richtung auf Mais zu, ganz in der Nähe von Vordermais.

In der Nacht werden noch Atombomben gezündet, und es sind ständig Erschütterungen zu spüren. Die Atombomben explodieren unter anderem in Richtung Viechtach/Straubing und Kötzting/Regensburg. Wo die Detonationen genau stattfinden, weiß ich aber nicht. Warum es gerade Neukirchen trifft, weiß ich ebenfalls nicht. Auch von einem flächendeckenden Bombardement ist mir nichts bekannt.

Mit Sicherheit kann ich nur sagen, dass es in ungefähr nordwestlicher Richtung, vielleicht bei Kötzting, sehr oft gerumst hat. Ich weiß aber nicht, wie weit das weg war. Das kann auch bei Schwandorf oder Weiden gewesen sein, vielleicht sogar noch weiter weg. Nur die Richtung kann ich angeben; es war Nordwesten. Aus den anderen Himmelsrichtungen war weniger zu hören. Überall, wo es gerumst hat, sind Truppenübungs-plätze; beispielsweise Roding, Schwandorf, Grafenwöhr oder Bogen bei Straubing."

***

„Ein paar Leute fliehen in die Kirche von Drachselsried. Dann wird die Kirche von Soldaten umstellt, welche Handgranaten hineinwerfen und danach die Kirche stürmen. Überleben tut das, glaube ich, niemand. Bald darauf ist beim Pfarrhof eine gewaltige Explosion. Der Pfarrhof, die Metzgerei und das Pokorny-Haus werden völlig zerstört. Es gibt dann noch mindestens zwei weitere Explosionen, eine davon in der Siedlung von Drachselsried.

Es sind auffallend wenig Menschen auf der Straße; entweder sind fast alle davongelaufen, oder sie verstecken sich.

Nur einmal kam ich selbst in die Nähe der Soldaten: bei der Autowerk-statt Hofmann, wo sie direkt an mir vorbeirannten. Sie hatten Jacken an, aber die Farbe konnte ich nicht erkennen, weil es noch düster war. Aber das Gesicht von einem konnte ich sehen. Das war mit Sicherheit ein Russe oder ein Osteuropäer."

***

„Am frühen Morgen rennen Soldaten, von Oberried her kommend, durch Unterrehberg nach Drachselsried. Sie dringen in die Häuser ein, Schüsse sind zu hören. Nur wenige Leute sehe ich davonlaufen, und da-bei werden einige erschossen.

Auf der Umgehungsstraße unten wälzen sich einige Militärfahrzeuge in Richtung Arnbruck. Zu uns kommen sie nicht – noch nicht.

Wir gehen in den Stall und machen uns an die Arbeit. Als ich auf den Scheunenboden hinaufsteige, um Heu zu holen, hält mir plötzlich einer eine Kalaschnikow oder ein ähnliches Gewehr vors Gesicht. Erschrocken laufe ich die Treppe so schnell hinab, dass ich mir ein Knie verstauche. Unten rufe ich: Wir müssen weg, die Russen sind da!

Dann kommen aber von Drachselsried her mehrere Soldaten gerannt, und wir fliehen in den nahen Wald. Anschließend rennen wir hastig den Berg hinauf. Wenig später fahren auch noch ein paar Panzer oder gepanzerte Fahrzeuge auf.

Auch Viechtach wird es schlimm erwischen. Von Schlatzendorf her wird es überfallen. Die Leute rennen Hals über Kopf davon. Erst nach vier Tagen trauen sich die ersten wieder zurück. Die Soldaten sind dann hauptsächlich nur noch in den Schulhäusern oben."

Bartholomäus Holzhauser

Der Prophet, der Anno 1613 im Dorf Laugna zwischen Augsburg und Dillingen geboren wurde, wirkte ab 1640 als Priester im damals zum Erzbistum Salzburg gehörenden Tittmoning und später als bischöflicher Dekan direkt in Salzburg, wo er im Jahr 1658 starb. Die Schauungen, die er hatte, publizierte Holzhauser in seiner Schrift „Auslegung der Apokalypse und zehn Gesichte". Dieses Buch wurde in späteren Jahrhunderten immer wieder nachgedruckt; ein Teil der darin enthaltenen Prophezeiungen schildert eindeutig eine künftige Menschheitskatastrophe, und diese Textauszüge werden hier, sprachlich modernisiert, vorgestellt.

***

„Nach diesem sah ich am neunten Tag des Monats April einen Sturmwind von Westen kommen.

Die Gewässer, welche in der Donau waren, erhoben sich und traten aus. Dieselben stiegen in die Höhe, drangen in die Stadt ein und verwandelten sie fast in eine Wüste.

Ich sah allenthalben auf Erden Menschen und Vieh töten.

In der Welt wird es Kriege geben. Wenige werden übrigbleiben auf der Erde.

Weltreiche werden in Verwirrung geraten, Fürstentümer umgestürzt, Herrschaften erniedrigt werden. Staaten werden fallen und fast alle verarmen.

Eine blutige Lefze wird die Kirche betrüben; größte Drangsal und alle Art Verwirrung werden herrschen.

Und ich erblickte einen König in seinem Diadem und eine überaus große Menge.

Dann schaute ich gleichsam den Frieden, und alle Menschen meinten, es sei Friede und Sieg.

Und siehe, ich erblickte eine lange Kette von Sprachen und Völkern und von Feinden des Kreuzes Jesu Christi.

Und sie haben vielfach gesiegt; haben die festesten Städte erobert, Glück in ihren Unternehmungen gehabt und die Oberhand errungen. Die Mörder waren entflohen.

Es trat eine Stille ein, und ein Triumphwagen fuhr nach Westen.

Und es wird eine große Kette gewunden werden zum Bande des Friedens. Eine große und wunderbare Kette, welche die ganze Welt und ihre Bewohner in Einheit umfassen wird."

Der Bauer aus dem Waldviertel

Dieser österreichische Visionär, der anonym bleiben möchte, legte seine erschütternden Vorhersagen in einer Reihe von Briefen nieder, die er Mitte der Siebziger Jahre des 20. Jahrhunderts unter anderem an die Publizisten Wolfgang Johannes Bekh und Norbert Backmund sowie den Freiburger Lehrstuhlinhaber für Grenzgebiete der Psychologie, Professor Hans Bender, richtete. Die Erstveröffentlichung der Prophezeiungen besorgte Bekh im Rahmen seines Buches „Bayerische Hellseher".

Der folgende Weissagungs-Kanon wurde aus den oben erwähnten, von Bekh zitierten Briefen zusammengestellt und um der besseren Verständlichkeit willen teilweise in direkte Rede übertragen. Da die Gesichte in verschiedenen Schriftstücken niedergelegt wurden und deshalb die Reihenfolge der Ereignisse nicht ganz eindeutig ist, wurden die Prophezeiungen, wo nötig, nach logischen Gesichtspunkten geordnet. Die große, von dem österreichischen Visionär vorgegebene Linie im Ablauf der Globalkatastrophe blieb davon aber unberührt.

***

„Ein Konflikt auf dem Balkan und die Zerstörung New Yorks, das ist der Anfang der kriegerischen Auseinandersetzungen.

Die Überschwemmungen im Mittelmeergebiet werden durch A-Waffen-Zündungen in großer Höhe über der Adria, von Norden beginnend, hervorgerufen. Die Erschütterungen sind bei uns deutlich spürbar. Worum es bei dem Krieg in Südeuropa geht? Wer daran beteiligt ist? Es ist ein Gewirr. Der Krieg beginnt in der Nähe der Adria und endet in der Türkei. Dabei werden die ersten größeren A-Waffen eingesetzt. Auf den Feldern bei uns sah ich zu der Zeit kaum Vegetation. Die Menschen im übrigen Europa sagen sich da noch erleichtert: Na, Gott sei Dank nicht bei uns!

45

Ich wusste zwar nichts Genaues von einem Bürgerkrieg in Italien und Frankreich, dafür aber von einer erdrückenden Bedrohung aus diesen Ländern gegenüber dem deutschen Sprachraum. Auch Amerika ist auf die Dauer nicht zuverlässig.

New York wird unerwartet bereits zu dieser Kriegszeit durch kleine Sprengsätze, die sehr nieder explodieren, zerstört. So entsteht der Eindruck, als würden die Häuser von einem heftigen Sturm weggeblasen.

Bei der Zerstörung New Yorks sah ich Einzelheiten, die man mit dem Auge niemals wahrnehmen könnte. Es war auch die Lauffolge um ein Vielfaches langsamer. Ich sah diese Stadt in allen Einzelheiten. Da fiel ein dunkler Gegenstand auf einer sich stets krümmenden Bahn von oben herab. Gebannt starrte ich diesen Körper an, bis er barst. Zuerst waren es Fetzen, dann lösten sich auch diese auf. In diesem Moment begriff ich noch immer nicht, was geschehen war. Der erste Sprengkörper explodierte einige Häuser weit hinter einem größeren, mit der Breitseite am Meer stehenden Haus; die anderen, vom Meer aus gesehen, etwas südlicher dahinter.

Die Häuser fielen nicht um oder in sich zusammen, sondern sie wurden meist als ganze, sich nur wenig neigend, vom Explosionsherd weggeschoben. Sie zerrieben sich dabei förmlich von unten her. Von vorne hatte es den Anschein, als würden sie näherkommend im Erdboden versinken. Im Explosionsherd sah ich nichts Feuerartiges. Es dürfte um die Mittagszeit sein.

In Österreich gibt es zu dieser Zeit noch keinen Krieg. Wie die Meldung von der Zerstörung im Rundfunk durchgegeben wurde, wollte ich gerade eine Kleinigkeit essen gehen. Bei uns ist etwa frühsommerliches Wetter. Überall wurde heftig und aufgeregt diskutiert. Dass dies der Racheakt von Terroristen sei, hörte ich sagen. Sicher, was die Amerikaner gemacht hätten, sei nicht schön gewesen. Dass man aber deswegen gleich eine ganze Stadt zerstöre, gehe entschieden zu weit! So redeten die Leute. Bei uns konnte ich da noch keinerlei Kriegseinwirkungen erkennen. Folglich muss dieses Ereignis viel früher eintreten als bisher angenommen wurde.

Den Reden nach zu schließen, müsste es ein Bravourstück psychopathischer Gegner sein.

Die Sterne fallen wie die Blätter – das bezieht sich auf ein Ereignis, dessen Ursache ich nicht genau kenne, das sich aber nach eigenem Erlebnis so beschreiben lässt: Ich stand bei schönem Wetter in unserem Ort mit mehreren Leuten, die ich zum Teil erkannte. Wir schauten, etwas erwartend, gegen den Himmel. Da schien sich die Sonne zu verdunkeln. Alle glaubten, sie sähen die Sterne.

Dabei handelte es sich in Wirklichkeit um eine Art Glut – wie Millionen weißglühende herabfallende Leuchtkugeln – die, sich über gelblich, dann rötlich färbend, im Osten beginnend zu Boden fiel. Wo sie auftraf, verbrannte fast alles Brennbare. In der Reihenfolge: Das Getreide, der Wald, Gras und viele Häuser. Wir löschten, was wir konnten. Nachher schaute ich um mich: Ich sah, so weit ich blicken konnte, nur Rauch aufsteigen. Zu dieser Zeit gab es bei uns noch kein Kriegsgeschehen.

Einmal nahm ich wahr, dass wir den Erdbunker bauten. Manche Gespräche, die wir dabei geführt haben, merkte ich mir lange Zeit genau. Ich sagte mir dazu wörtlich: So ein Unsinn, es ist doch Frieden, wie kann man da so einen Bunker bauen?

Eine Einzelvision: Ich sah die Russen wieder hier einziehen; sie nisteten sich am Übungsplatz ein und verschanzten sich nachher auf den östlich und südlich vorgelagerten Hügelketten. Sie erschienen mir dabei außergewöhnlich hektisch und gereizt. Mir fielen bei ihnen keine sonderlich neuen Waffen auf. An größere Kampfhandlungen konnte ich mich bei uns nicht erinnern.

Ich sagte mir damals: Was machen die Russen wieder da, was haben sie hier verloren? Wir haben doch den Staatsvertrag! Wo bleiben die Amerikaner? Niemand schert sich, niemand kümmert sich darum.

Später einmal standen wir am Bunkereingang und schauten in die Richtung, wo ich die Russen in Stellung gehen sah. Es war die Richtung Langenlois-Krems. Es war von dort starker Kampflärm zu hören. Der Vormarsch schien da ins Stocken geraten zu sein. Bei uns war noch nichts zerstört. Es folgten dann wiederholt längere Beschießungen mit konventionellen Waffen, bei denen viele Personen den Tod fanden. Einige hatte ich leider vergeblich vor bestimmten Gefahren gewarnt. Der Ahnung und den Reden entnehmend, gibt es im Kremser Raum viele Tote. Bereits vor der Endschlacht wird es bei uns wegen der stets wechselnden Front kaum ein Haus geben. Diese findet am Beginn hauptsächlich zwischen den kommunistischen Verbänden und China, vorwiegend mit sehr beweglichen Panzern, in und um die CSSR (heute Tschechien und Slowakei; Anm. d. A.) statt.

An den kometenhaften Aufstieg Chinas glaubte nicht nur ich nicht so recht. Deswegen zweifelte ich lange Zeit an der Identität der Menschen mit den vielen kleinen flinken Panzern, die den heutigen so überlegen sind wie ein Maschinengewehr einem Vorderlader. Daraufhin schaute ich mir alle Menschen asiatischer Herkunft sehr genau an.

Von diesen Panzern, von diesem mondfähreähnlichen Fluggerät, das ganz frei im Raum stehen kann, sowie von der Art, wie es Lenkwaffen zerstörte, erzählte ich bereits im Jahr 1967 Professor Hoffmann. Dieses mondfähreartige Gefährt war mit einer blitzeschleudernden Maschine ausgerüstet. Das ist die einzig wirklich überlegene Waffe des Westens. Sie bewahrt Deutschland vor der totalen Niederlage. Mit ihr können auch Lenkwaffen der zweiten Generation – impulsweise erfolgender Antrieb, Steuergerät versehen mit Zufallsgenerator; so entsteht ein völlig unlogischer Flug, wie er sonst nur Mücken eigen ist – sicher bekämpft werden.

Über den Kriegsverlauf kann ich viel bessere Auskünfte geben, nicht aber, wie China hineingezogen wird. Es könnte eventuell auf fremdem Territorium Partei ergreifen. Vor dem Ausbruch des großen Krieges hält die Linke einen Siegeszug, und es gibt Krieg im Osten Afrikas von Nord bis Süd.

Ich war mit einigen Leuten in einem aus Holz erbauten Erdbunker. (Es handelt sich sicherlich um denjenigen, den wir in größter Eile bereits vor Kriegsbeginn errichteten.) Es tobte eine riesige Panzerschlacht vom Raum Wien-Krems in Richtung Schrems-Gmünd. Ich hörte mich sagen: Jetzt geht das schon zum dritten Mal so, was soll da noch übrigbleiben?

– Nachher gab es fürchterliche Kämpfe in der CSSR. Ich erkannte auch die mageren, hasserfüllten Gesichter der Angreifer.

Einige Zeit (die ich nicht genau bestimmen kann) später: Es dürfte Abend sein. Wir vernahmen im Bunker heftige Erdstöße und Explosionen aus WNW. Ich schaute vom Eingang in diese Richtung. Da war die Hölle los. Ich sah am Horizont in der Ferne im Rauch und Feuerschein der ununterbrochen erfolgenden Explosionen weißgelbe Lichtblitze. Ich sagte mir: Mein Gott, da möchte ich nicht sein. (Es dürfte sich um den Einsatz taktischer A-Waffen handeln.)

Da erfolgte eine gewaltige, kurze weißgelbe Explosion, deren Feuerpilz von W bis WNW reichte. Gleich darauf schoss eine eruptionsähnliche, qualmende, schwarzrote Feuersäule empor. Hoch oben, sicher über der Atmosphäre, gab es noch gewaltige Feuerwirbel. Sie reichten von WNW bis fast N. Die Erde bebte. Ich wurde in den Eingang geschleudert und konnte wegen der Erschütterungen kaum Halt finden. Vielleicht wurde ich bewusstlos. Nachher verbrachten wir eine lange Zeit im Erdbunker. Es war fast nichts wahrzunehmen. Wir besprachen, wie dringend wir draußen benötigt würden. Wir blieben aber drinnen.

Später ging ich mühevoll in Richtung SSW. Die Orientierung fiel mir schwer; es gab kein Haus, keinen Baum, weder einen Strauch oder Halm. Alles war mit Trümmern und Felsbrocken übersät. Nicht einmal Ruinen fand ich, wo früher Häuser waren. Irgendwo sah ich einen schwächlichen alten Mann sitzen. Nachher sah ich so etwas wie einen Raumgleiter oder eine Lenkrakete; sie war von einem modernen Flugobjekt wahrscheinlich deutscher Nationalität abgeschossen worden.

Bei dem Kampf in der CSSR werden erstmals in sichtbarer Weite von unserem Ort in nordöstlicher Richtung massiert stärkste Nuklearwaffen eingesetzt. Es dürfte in der nördlichen CSSR sein. Es ist zur späteren Abendzeit. Bis zum dunkelroten Feuerpilz gibt es viel Rauch. Erstmals bekommen viele Menschen wirklich Angst, der Erdball könnte das einfach nicht aushalten. Der radioaktive Niederschlag dürfte in unserer Gegend nicht so stark sein wie beim letzten Einsatz.

Dieser Kampf wird hauptsächlich zwischen China und Russland ausgetragen. Die Chinesen versuchen, die zurückweichenden Russen mit ihren Helfern in der CSSR in die Zange zu nehmen, die Russen wollen das verhindern. Der Westen ist zu der Zeit so desolat, dass er nicht einmal den schon fliehenden Russen Widerstand entgegensetzen kann. Das muss er mit dem Krieg in eigenen Landen teuer bezahlen. Es werden dann gehäuft A-Waffen eingesetzt, ganze Berge weggesprengt, um die anderen zu erschlagen.

Da kommt es in der westlichen CSSR zum Platzen der Erdrinde. Der erste Auswurf wird bis hundert Kilometer oder weiter geschleudert. Dabei kommt es zu dem von Irlmaier vorausgesagten Phänomen mit dem ‚Gekreuzigten‘. (Die entsprechende Stelle in den Irlmaier-Prophezeiungen lautet: „Während oder am Ende des Krieges sehe ich am Himmel ein Zeichen.“ Dieser Satz wurde manchmal als Kreuzerscheinung interpretiert.) Es ist der erste in der Stichflamme emporgeschleuderte, sich bewegende Auswurf. Dieses Bild ist unverkennbar ähnlich! Die dabei ausgestoßenen Gase bewirken die Finsternis und die Atemkrämpfe der ungeschützten Lebewesen. Der Auswurf nimmt später das Bild eines alleinstehenden großen Birkenbaumes an. Das Verharren vor dem Wiederherunterfallen gleicht den Laubbüscheln. Auch ich sehe dieses Schauspiel; neben mir stehende Personen höre ich sagen: Wie ein Birkenbaum.

Die erste riesige Explosion ist sicherlich von einer oberirdischen Massenzündung atomarer Sprengsätze, die zweite nicht. Es könnte eine geologische sein, oder vielleicht eine Massenzündung von A-Waffen in Böhmens Kohlebergwerken. Etwa nach der Parole der totalen Vernichtung.

Beim Platzen der Erdrinde kommt es zu einem Weltbeben, bei dem fast alles zerfällt, was zerfallen kann. Alle nachher noch lebenden Menschen stehen vor dem Nichts. Da kommen sie zur Besinnung. Wer es bis dahin nicht gelernt hat, sich in einer solchen Lage mit eigenen Händen zu helfen, ist verloren.

In SSO-Richtung, in bewaldeter, leicht bergiger Gegend bei oder in einem verfallenen Haus, sah ich im Zusammenhang mit anderen miesen kleinen Greueln folgende Szene: Ein Mann, etwas dunkler Haarfarbe, mittleren Alters, war mittels eines Strickes, mit dem Rücken in Richtung Westen, an eine Säule oder ähnliches gefesselt. Zwei jüngere Männer gingen vor ihm umher und sprachen mir nicht Verständliches. Es herrschte eine gespannte, unfreundliche Atmosphäre. Mir schien es, als wollten sie ihn erpressen. Der Mann rührte sich aber nicht. Sie quälten ihn auch mit einem Messer oder ähnlichem. Der Mann blieb stumm. Da ging der Mann mit dem etwas längeren blonden Haar auf ihn zu, erschoss ihn, drehte sich um und ging. Es waren nur Menschen europäischen Typs zu sehen.

Diese Zeit kenne ich meist aus der Sicht, wie ich sie selbst, mit dem eigenen Körper, erleben werde. Ich weiß deshalb genau, wie dieser Kampf endet, wie es nach dieser Katastrophe in Deutschland aussieht. Ich kämpfe da selbst auf Seite der Deutschen gegen die räuberischen Truppenreste und weiß, was mir alles zustößt. Die hartnäckigsten und verschlagensten sind die Ostdeutschen. Eine schwerwiegende Verletzung bekomme ich erst nachher.

Der erwähnte Krieg am Mittelmeer fand noch nicht statt. Er erfolgt im Gebiet Albanien-Türkei. Die Verlierer sind die östlichen Verbände.

Das Nächste: Wir kamen in ein wahrscheinlich südlicheres Gebiet – es gab schon wieder Sträucher, aber kaum Gras. Wir bauten uns davon Hütten, aber nicht mit hängendem Geflecht wie die der Eingeborenen tropischer Gebiete und die der Buschmänner (wasserabweisend), sondern mit querliegendem Geflecht. (Sicher gibt es zu der Zeit keinen Regen.) Uns waren dabei mehrere Personen. Anschließend machte ich Jagd auf Essbares. Es waren vorwiegend Eidechsen oder ähnliche Tiere.

Ich kann mich nicht erinnern, dass wir an ein größeres Gewässer gekommen wären oder dass wir einmal sehr gefroren hätten. Wir benutzen nie viel Kleidung. Es friert uns nicht dabei. Gekühlte Lebensmittel verderben wegen der Unterbrechung der Kühlung, Dosengläser halten nicht durch.

Es ist leicht erklärbar, dass in einer solchen Situation eine Führungsperson auserkoren wird, deren Titel allerdings nicht einmal eine untergeordnete Rolle spielt und mit den Mätzchen des bekannten Monarchismus nichts gemein hat. Bei der Krönung bin ich selbst dabei. Daher weiß ich auch, wer Deutscher Kaiser wird. Werde aber nie einen genaueren Kommentar geben. Drei Männer sitzen mit dem Rücken nach Süden an einer Wand. In der Mitte der, der Deutscher Kaiser wird; einer wird österreichischer; der andere, soviel ich mich erinnern kann, ungarischer. Der Mann, den die Deutschen am Ende des Krieges zum Kaiser machen, hat als Schüler noch Hitlers Reden gehört."

Der Blinde Hirte von Prag

Er lebte im 14. Jahrhundert im Böhmerwald, war wegen seiner visionären Gabe weithin bekannt und wurde deshalb Anno 1356 auch von Kaiser Karl IV. zur Audienz auf den Prager Hradschin geladen. Als er die Prophezeiungen des Blinden Hirten, der auch als Blinder Jüngling bezeichnet wurde, vernahm, war der Monarch derart schockiert, dass er strikte Geheimhaltung anordnete. Doch ein Skribent des Kaisers hatte die Weissagungen aufgeschrieben, und so gelangten sie letztlich doch an die Öffentlichkeit. Zunächst wurden die Prophezeiungen wohl von Generation zu Generation mündlich beziehungsweise in vereinzelten Abschriften weitergegeben; 1491 dann erschienen sie erstmals in gedruckter Form, und während der folgenden Jahrhunderte, bis herauf in die Gegenwart, wurden zahlreiche weitere Bücher mit den Weissagungen des Hirten aus dem Böhmerwald publiziert. Die Prophezeiungen setzen im Spätmittelalter ein und reichen bis ins dritte Jahrtausend; was der Blinde Hirte für die Zeit bis zum 20. Jahrhundert vorhersah, ist eingetroffen – und daher ist anzunehmen, dass sich auch seine hier vorgestellten Visionen von einer Menschheitskatastrophe nach der Jahrtausendwende bewahrheiten könnten.

***

„Ein neuer Krieg wird (nach dem Ersten und dem Zweiten Weltkrieg) ausbrechen; dieser wird der kürzeste sein.

Das Volk in Böhmen wird durch den Krieg vernichtet, und alles im Land wird verschüttet werden. Deutschland wird ein großer Trümmerhaufen sein, und nur die Gebiete der blauen Steine werden verschont bleiben. Und das Land Bayern hat viel zu leiden.

Zweimal wird das Böhmerland gesiebt werden, das zweite Mal bleiben nur so viel Böhmen, wie auf einer Hand Platz haben.

Über das große Wasser wird der Krieg kommen, und die eisernen Rosse werden Böhmens Erde zerstampfen. Ganz Böhmen wird mit Pferdehufen bedeckt sein.

Der Krieg wird Prag verwüsten, und die Überlebenden werden auf einem Fuhrmannswagen Platz finden.

Aber es wird nicht eher Friede in Europa sein, ehe nicht Prag ein Trümmerhaufen ist. Zur Kirschblüte wird Prag vernichtet werden.

Eine Sonne wird stürzen und die Erde beben.

Die Rache kommt übers große Wasser.

Die Menschen werden die Welt vernichten, und die Welt wird die Menschen vernichten.

Wann es kommt? Es wird lange dauern und noch viel Wasser die Moldau hinabrinnen.

Wenn es aber kommt, dann wird es einschlagen wie ein Blitz in einen Ameisenhaufen.

Wenn die Menschen meinen, Gottes Schöpfung nachmachen zu sollen, dann ist das Ende da.

Es dauert nicht länger, als man dazu braucht, Amen zu sagen.

Die Wilde Jagd braust über die Erde. Die Totenvögel schreien am Himmel.

Ihr Mächtigen und Gewaltigen, ihr werdet kleiner sein als der arme Hirte.

Wenn zum zweiten Mal die Kirschen reifen, werden die Vertriebenen aus Böhmen traurig wieder zu ihren Webstühlen und Feldern zurückkehren. Aber nur wenige werden es noch sein. Und diese wenigen werden einander fragen: Wo hast du gesteckt und wo du?

Die Bauern werden hinter dem Pflug mit der Peitsche knallen und sagen: Hier hat Prag gestanden.

Dann wird über die Welt ein neues Zeitalter kommen, das man das Goldene nennen wird."

Die Sibylle von Prag

Die Seherin, die in den historischen Quellen auch als Prophetin Michalda oder Sybilla Weis bezeichnet wird, gehörte als Tochter eines böhmischen Grafen dem Hochadel an. Circa 1570 wurde sie geboren und führte zunächst das Leben einer privilegierten Adelstochter. Doch dann, um das Jahr 1600, verlor Michaldas Familie den größten Teil ihrer Güter; wahrscheinlich geschah dies, weil die Grafenfamilie protestantisch war und deshalb beim katholischen Kaiser Rudolf II., der auch König von Böhmen war, in Ungnade fiel. Etwa zur selben Zeit wurde Michalda von einem weiteren Schicksalsschlag getroffen, denn ihr Verlobter, ein adliger Offizier, der wohl gegen die nach Ungarn eingefallenen Türken gekämpft hatte, fand den Tod auf dem Schlachtfeld – und daraufhin brach die junge Komtess alle gesellschaftlichen Brücken hinter sich ab.

Michalda schloss sich einer Zigeunergruppe an und zog mit diesen Fahrenden viele Jahre durch Europa, Kleinasien, Palästina und Ägypten. Vermutlich mit Hilfe der Zigeuner entwickelte die verarmte Komtess ihre latent sicher schon immer vorhandene visionäre Gabe und wurde zur Prophetin: zu einer Seherin, die nach der Rückkehr ins Abendland großes Aufsehen am französischen Königshof sowie in Rom und Venedig erregte.

Was Michalda dort prophezeite, ist nicht überliefert – Anno 1616 jedoch, die Visionärin lebte nun wieder in den böhmischen Städten Prag und Eger und zeitweise auch in der nördlichen Oberpfalz sowie im heutigen Oberfranken, veröffentlichte Michalda einen umfangreichen Weissagungskanon in einem Buch, das den Titel „Die Prophezeiung der Sibylle Michalda" trägt. In diesem Werk finden sich bereits sehr präzise Vorhersagen über den Verlauf des Dreißigjährigen Krieges, der von 1618 bis 1648 tobte, und auch zahlreiche bedeutende Ereignisse der folgenden Jahrhunderte wie etwa die Französische Revolution, die Napoleonischen Kriege oder den Aufstieg des Britischen Empire sah die Komtess, die Anno 1658 hochbetagt verstarb, voraus. Ebenso beschrieb sie äußerst exakt die Panzerarmeen der Deutschen Wehrmacht, die zu Beginn des Zweiten Weltkrieges Böhmen überrollten, und über Hitlers Tod heißt es in ihrem Buch: „Jener Kreuzträger findet ein seltsames Ende. Nach tausend Jahren (!) noch werden sie seinen Leichnam suchen."

Mit der unverwechselbaren Schilderung einer Atomexplosion kennzeichnet die Visionärin die Mitte des 20. Jahrhunderts (Hiroshima) – und anschließend finden sich in ihrem Anno 1616 erschienenen Buch vierzig teils erschütternde, teils geheimnisvolle Prophezeiungen, die sich zunächst auf die Zeit der Jahrtausendwende und dann auf das dritte Jahrtausend beziehen.

***

„Vermessen ist die Menschheit! Sie wollen das Göttliche in den Schatten stellen. Mit grausamen Herzen säen sie einen Pilz. Seinen Samen werfen sie vom Himmel auf die Erde. Riesig wird die Furcht, sie reicht bis zu den Wolken. Der Pilz überschattet weithin das Land. Giftig ist der Pilz, und Abertausende sterben einen qualvollen Tod.

Große Not wird danach über die Menschen kommen. Die göttlichen Gebote werden nicht länger beachtet. Gräber werden geschändet und Kirchen verbrannt. Hunger geißelt die Menschen. Hass, Neid und Missgunst beherrschen die Welt.

Dunkelheit ist in die Herzen eingezogen. Die Menschen benehmen sich so seltsam. Alle empfinden Hass. Jeder weiß um das Unheil, das die Menschheit und die Erde bedroht. Keiner will an die göttliche Allmacht glauben.

Sie bauen einen Turm aus Stahl und Wasser und wollen damit das Weltall erobern. Aber die Menschen werden diese Vermessenheit schwer zu büßen haben.

Unter dem Meer wühlen die Menschen gleich Würmern.

Seltsame Zeiten kommen, und seltsame Menschen bevölkern die Welt. Niemand ist wahrhaft glücklich. Die Natur wird geschändet, und der menschliche Geist fühlt sich über das Weltall erhaben.

Über die Erde rollt eine Kugel, die vom Wasser angetrieben wird. Sie könnte Segen bringen, doch in Wahrheit bringt sie nur Not.

Ein kleines Land wird groß. Denn wieder wird ein Mensch geboren, der groß ist in der Macht des Weltalls. Abermillionen werden ihm ihre Hände entgegenstrecken, er aber wird stark genug sein, die Not zu besiegen. Aber auch ihm wird eine finstere Macht ein Ende setzen. Eine Scheibe aus schwerem Metall wird den Wurm zerdrücken.

Noch einmal besinnt sich die Menschheit. Einen verzweifelten Kampf kämpft sie, doch es heiligt der Zweck das Mittel der Ungerechtigkeit. Dennoch, wenn auch spät, gelangen sie zur Einsicht.

In den Händen werden sie Stäbe halten, die Nutzen und Freude bringen können. In ihrer Verwandlung aber speien diese Stäbe Tod und Verderben.

Kugeln werden sie formen und sie gegen den Hunger schlucken. Sie werden trotzdem nicht satt, denn die Ausstrahlung der Kugeln macht sie noch hungriger.

Den Schoß der Erde wird die Menschheit mit Hilfe einer in vielen Farben schillernden Kiste öffnen. Doch die Ernte wird Gift und Feuer sein. Sehr schwer wird es ihnen fallen, den Schoß der Erde wieder zu schließen.

Glühende Luft werden sie sich nutzbar machen für ihre Zwecke. Im Norden wird das Eis zerfließen, und neues Land wird fruchtbar sein.

Ich sehe Menschen, die ein kleines kantiges Ding in ihren Händen halten. Es gibt ihnen Auskunft über alles, was sie zu wissen begehren.

Aus einem kleinen Kasten entspringt eine weiße Ebene. Darauf erkennt man Mensch und Tier, Berg und Tal. Liebliche Musik begleitet die Erscheinungen, und die Menschen erfreuen sich aus ganzem Herzen daran.

Sehr seltsame und überraschende Dinge werden sie ersinnen, um den Menschen zu helfen. Auf den Straßen werden Wagen dahinrasen, die schneller als alle anderen Gefährte sind, obwohl sie keine Räder besitzen. Aus Glas und Erde werden sie Gewänder weben. Ein ganzes Leben lang werden diese Kleider neu bleiben. Zum Tag werden sie die Nacht machen. Verschlungene Röhren aus Glas spenden taghelles Licht. Doch all die Freude nutzt den Menschen nicht. Die Menschen werden unzufrieden bleiben. Nachdem sie die Erde erobert haben, werden sie nach den Sternen greifen wollen.

Freveln werden sie wider das Göttliche. Denn sogar den Menschen wird der Mensch künstlich erschaffen. Diese künstlichen Menschen sind jedoch arm an Geist. Denn sie haben nur wenig Hirn, sind freilich stark und widerstandsfähig. Auf diese Weise wird eine neue Zeit der Sklaverei kommen.

Gewalt wird der Erde angetan. Es werden heiße Jahre einfallen. Der Erdboden wird dürr und unfruchtbar werden, deswegen wird eine furchtbare Teuerung über alle Länder der Erde kommen. Und so, wie die Erde keine Frucht mehr gibt, wird auch der menschliche Mutterschoß unfruchtbar werden.

Erneut werden Tränen aus den Augen der Menschen fließen und sich zu einem reißenden Strom vereinen. Vom Firmament wird die göttliche Stimme ertönen. Zitternd wird die Menschheit ihr Knie beugen.

Vor dem Ende der Zeiten wird die Sonne im Westen aufgehen, am letzten Tag aber wird sie ganz schwarz sein. Verschwunden ist der Mond bereits am Tag zuvor.

Darauf tritt eine große Schwüle ein, und die Erde wird zum glühenden Brand werden.

In jener Zeit, da der Weltuntergang naht, wird der letzte römische Papst so heißen wie der erste. Rom geht unter. Ehe dies aber geschieht, ist die Schar der Katholiken so klein geworden, dass sie im Schatten eines Birnbaumes Platz hat.

Es geht voran ein Glutjahr, danach kommt ein Flutjahr, und dann kommt das Blutjahr.

In einem Jahr, in dem zwei Fünfen der Neunzehn gegenüberstehen, naht das Ende Prags. Im Februar wird die Menschheit einen Schrei der Angst und des Schauerns ausstoßen.

Noch dauert deine Herrschaft, mein geliebtes Prag. Aber auch dir schlägt einst die letzte Stunde. Aus Osten wird ein Drachen kommen, der furchtbar anzusehen ist. Aus seinen neunmal neunundneunzig Augen werden tödliche Blitze sprühen. Seinem weit aufgerissenen Maul entströmt giftiger Atem.

Prag, mein liebes Prag! Du wirst ein selten grausames Ende finden. Ein Hauch durcheilt deine Gassen, süß und warm. Erstaunt werden die Menschen ihn fühlen. Mit grausig verzerrten Gesichtern legen sich Abertausende zur Ruhe und frösteln trotz der Wärme.

Es geht dem Ende zu. Zehn dumpfe Schläge der letzten Kirche dröhnen durch die Luft. Langsam und trübe wälzen sich die Fluten der Moldau dahin. Ein furchtbarer Sturmwind braust über die Stadt und das Land. Gelbgraue Staubwolken und schwere, giftige Schwaden rauben Mensch und Tier den Atem.

Vom Vysehrad her kommt ein ungeheurer Feuerball. Felsen fliegen durch die Luft, und über allem lodert das Feuermeer. Alles, was Menschenfleiß geschaffen hat, liegt in Schutt und Asche.

Der Hradschin steht in Flammen. In der Stadt bersten die Mauern, überall wütet Feuer. Die Erde wird erschüttert und gepackt vom dumpfen Beben. Tiefe Klüfte öffnen sich, sie verschlingen Totes und Lebendiges. Wie von Geisterhänden durchwühlt, öffnen sich die Gräber, und die Skelette grinsen ein grausames Lachen. Alles versinkt in unergründlich schwarze Tiefe.

Man hört nur mehr das Brausen des Sturmes. Das Leben ist erloschen. Ich sehe nur Trümmer und Leichen. Langsam verziehen sich die Wolken. Nur dort, wo einmal der stolze Dom stand, sehe ich einen blutroten Feuerball.

Es ist vorbei! Prag, dein Schicksal hat sich erfüllt! Wo sind deine Häuser, stolze Stadt? Weshalb bespülen trübe Fluten die Gestade der öden Heide?

Grausiges Gewürm lässt Leib und Geist erschauern. Unkraut und Sumpf, voll von giftigem Odem, beherrschen das Land. Ist das die Ernte der menschlichen Saat?

Dann fährt ein Fuhrmann an einem Mauerrest der Stadt Eger vorüber. Er schlägt mit der Peitsche darauf und sagt: „Hier hat die Egerstadt gestanden und steht nimmermehr!" Doch dann wird die untergegangene Tillenstadt in ihrem früheren Glanz wieder aus dem Bergesdunkel emportauchen. (Die heidnische, wahrscheinlich keltische „Tillenstadt" soll sich auf dem Tillenberg bei Neualbenreuth in der nördlichen Oberpfalz erhoben haben.) Die Egerstadt aber wird eine Viehweide bleiben.

Nachher werden neue Religionen ersonnen. Die Geister der alten Welt kommen wieder zu Ehren. Dort, wo heute die Statue des heiligen Wenzel steht, wird ein hoher Turm einen neuen Tempel krönen. Prächtig wird dieser Tempel sein, aus Gold und Silber erbaut.

Die Menschheit wird froher sein und freier, sie wird aber auch um vieles bescheidener sein. Jetzt werden die Schafe lernen, ihren Geist zu gebrauchen. Sie werden Lüge und Dogma verdammen.

Die Arbeit ihres Geistes wird an die Stelle der Fron ihrer Hände treten. Die Felder werden ein Mehrfaches von dem tragen, was heute als großer Segen angesehen wird. In vier Stunden wird die Menschheit ihr Tagwerk vollbringen.

Zum blauen Firmament steigt im Osten ein stolzer Adler. Im Wind wiegen sich goldene Felder. Glückliche Menschen bewohnen die Häuser. Den weiten Raum erfüllt frohes Kinderlachen.

Ein Mensch durcheilt die Lüfte. Er wird wie von Engelsflügeln gehalten. Mit beiden Händen spendet er den Ländern, die er überfliegt, seinen Segen."

Der Mönch von Wismar

Der paranormal begabte Mönch lebte im frühen 18. Jahrhundert im „Kloster zum Heiligen Geist" in Wismar an der Ostsee; weiter ist nichts über ihn bekannt. Selbst von seinen Schauungen wusste man zu seinen Lebzeiten nichts, denn eine von dem Mönch heimlich niedergeschriebene und mit der Jahreszahl 1709 datierte Zusammenfassung seiner Prophezeiungen wurde erst in der zweiten Hälfte des 18. Jahrhunderts in einem Mauerversteck des Wismarer Klosters entdeckt. Von da an kursierte der Visionskanon in ganz Deutschland, und hohe Brisanz bekam er nach dem Ausbruch des Ersten Weltkrieges, weil der Mönch das Attentat von Sarajewo und den Verlauf des Krieges richtig und detailgetreu vorhergesagt hatte. Über den Zweiten Weltkrieg hingegen äußerte sich der Mönch von Wismar nicht – dafür aber schilderte er das Grauen eines Dritten Weltkrieges und einer damit verbundenen Globalkatastrophe.

***

„Europa wird zu einer Zeit, wo der päpstliche Stuhl in Rom leer ist, von fürchterlichen Züchtigungen heimgesucht werden.
Es zerstört die Klöster und vernichtet die heiligen Orden.
Es eignet sich göttliche Kraft an und macht sie sich für seine Zwecke dienstbar.
Es wird ein großes Ringen stattfinden von Ost und West, und es wird viele Menschen vernichten.
Feurige Drachen werden durch die Lüfte fliegen und Feuer und Schwefel speien und Städte und Dörfer vernichten.
Machtlos werden die Menschen all dem zusehen.
Das Volk wird die Warnung Gottes hören, und Gott wird sein Antlitz abwenden.
Zwei Jahre und fünf Monate wird der Aufruhr dauern.

Hungersnot, Seuche und Pest werden mehr Opfer fordern als der Krieg.

Die Zeit wird kommen, wo du weder kaufen noch verkaufen kannst.

Dein Brot wird gezeichnet und zugeteilt.

Die Meere werden sich rot von Blut färben, und die Menschen werden auf dem Grunde des Meeres wohnen und auf ihre Beute lauern.

Das Volk des Siebengestirns wird in das Ringen eingreifen und dem bärtigen Volk in den Rücken fallen und sich von der Mitte abwenden.

Der ganze Niederrhein wird erzittern und erbeben, aber nicht untergehen, sondern bestehen bis an das Ende der Zeit.

Das Land im Westen wird ein Land der Zerstörung sein.

Das Land im Meer wird mit seinem König geschlagen und auf die tiefste Stufe des Elends kommen.

Das bärtige Volk wird lange auf seinem Stande stehenbleiben.

Alle Völker der Erde werden in Mitleidenschaft gezogen, und es findet ein Ringen und Wogen gegen alle Völker statt.

Der Sieger wird einen Kranz tragen, und zwischen vier gleichen Städten mit vier gleichen Türmen findet die Entscheidung statt.

Gott wird sprechen zu einem Manne: Sage dem Manne mit dem weißen Kleide und dem schwarzen Gesicht: Erhebe dich von deinen Banden und sei frei von dem Joche der Ungläubigen."

Der Eismeerfischer Johansson

Der skandinavische Prophet Anton Johansson wurde am 24. Mai 1858 im schwedischen Dorf Mosjöen in der Provinz Norrland geboren. Als Erwachsener lebte Johansson im norwegischen Ort Lebesby in Finnmarken, wo er am 10. Januar 1929 starb. Von Beruf war Anton Johansson Eismeerfischer; zeitweise arbeitete er aber auch als Angestellter der Gemeinde Lebesby, und außerdem war er als Naturheilkundiger tätig. Schon seit seiner Jugend hatte Johansson Visionen; mit zunehmendem Alter wurden diese immer intensiver und bewahrheiteten sich oft auf frappierende Weise. So sagte Anton Johansson unter anderem den katastrophalen Vulkanausbruch von St. Pierre im Jahr 1902 voraus; ebenso das schreckliche Erdbeben von San Francisco im Jahr 1906 und den Untergang der „Titanic" im Jahr 1912.

Seine erschütterndste Schauung jedoch erlebte Johansson am 14. November 1907, als eine Flut von Visionen über das Schicksal der Menschheit im 20. und 21. Jahrhundert auf ihn einstürmte. Diese große Vision wurde von einem Freund des Paranormalen 1919 in einem Buch mit dem Titel „Merkwürdige Gesichte! Die Zukunft der Völker, gesehen vom Eismeerfischer Anton Johansson aus Lebesby" publiziert – und der hier folgende Kanon enthält die Prophezeiungen des skandinavischen Visionärs für die Zeit nach der Wende zum dritten Jahrtausend.

***

„Zwischen Frankreich und Spanien bricht vor dem Dritten Weltkrieg ein bewaffneter Konflikt aus. Es kommt zu Bürgerkriegen in Schweden, Frankreich und Russland. Auch in Wales sind bürgerkriegsähnliche Unruhen zu beklagen.

Russland wird einen Teil seines Territoriums an China verlieren. China führt auch gegen Indien Krieg und wird zuletzt weite Landstriche des

Subkontinents kontrollieren. Vor allem die Region um Delhi leidet furchtbar; etwa 25 Millionen Menschen werden dort durch biologische Waffen getötet werden. Der Bakterienkrieg löst außerdem entsetzliche, bislang nicht bekannte Seuchen anderswo aus.

Russland unternimmt einen Angriff auf Skandinavien. Er erfolgt von Archangelsk aus über das Nordkap. Einige Monate vor dem russischen Überfall auf Skandinavien verwüstet ein entsetzlicher Orkan große Teile Nordeuropas. Der Angriff selbst erfolgt im Sommer; zu einer Jahreszeit, da in den Gebirgen Norwegens noch kein Schnee gefallen ist. In Schweden ist in diesem Jahr eine sozialistische Regierung an der Macht. Dänemark bleibt von der Aggression gegen Skandinavien verschont.

Persien und die Türkei werden von den Russen erobert; es geht bei diesem Krieg vor allem um die Ölvorkommen im Mittleren Osten.

Russische Armeen stoßen auf den Balkan vor, und die Länder dort werden verheerend geschlagen.

Auch in Italien bricht nun ein Krieg aus. Gleichzeitig kommt es dort zu schweren Naturkatastrophen, so dass Abermillionen Menschen obdachlos werden.

Ein Angriff aus Osten, wobei die Armeen zunächst Ungarn, Österreich, Norditalien und die Schweiz überrennen, richtet sich mit der Gewalt einer Sturmflut gegen Frankreich. Ein weiterer militärischer Vorstoß der Östlichen zielt auf Spanien.

Frankreich wird von innen und außen erobert. Die Massenvernichtungswaffen, die in den Bunkern des Landes gelagert sind, fallen in die Hände der Aggressoren, die in Frankreich für einige Zeit eine Militärregierung installieren.

Von französischem Boden aus führen die Eroberer Krieg gegen England, Spanien und Skandinavien.

Unter dem Druck der Angreifer aus Osten attackiert Frankreich den europäischen Norden. Schweden und Norwegen werden überrannt. Französische Truppen erobern Göteborg. Die genannten skandinavischen Länder werden gezwungen, große Territorien im Norden an Russland abzutreten.

Ein militärischer Überfall auf Finnland führt zur Auflösung dieses Staates.

Zur selben Zeit erfolgt von Osten her ein Angriff auf Deutschland. In einem Bürgerkrieg kämpfen dann Deutsche gegen Deutsche.

Ähnlich wie Polen und andere ehemals kommunistische Länder Osteuropas kann aber auch Deutschland sich wieder von der Herrschaft der Aggressoren befreien.

In Großbritannien bricht eine Revolution aus, die sehr blutig verläuft und bedeutend mehr Opfer fordert als der etwa zur gleichen Zeit in Deutschland stattfindende Bürgerkrieg. Der Volksaufstand, der auf der britischen Insel begann, weitet sich schnell nach Irland aus. Auch im Süden von Wales, wo es bereits vor dem Dritten Weltkrieg zu Unruhen kam, herrscht jetzt Bürgerkrieg, der zahlreiche Tote kostet.

Jenseits des Atlantiks kommt es zwischen den USA und Kanada zu einem militärischen Konflikt. Auslöser ist ein russischer Angriff auf Alaska und Kanada über die Beringstraße. Dadurch werden die Vereinigten Staaten daran gehindert, auf dem europäischen Kriegsschauplatz einzugreifen.

Neue Waffen, wie kein Mensch sie je gesehen hat, richten in den USA fürchterliche Verheerungen an. Zudem kommt es dort zu entsetzlichen Orkanen und Brandkatastrophen. Die größten Städte des Landes gehen unter.

Einer dieser um den halben Globus rasenden Orkane tobt zweimal – zuerst in nördlicher, dann in nordöstlicher Richtung – über die USA und erreicht anschließend Europa. Im Mittelmeerraum richtet er immense Verwüstungen an, ehe er sich in den Weiten Osteuropas verliert.

Danach wüten die Menschenmassen der Vereinigten Staaten in zwei Bürgerkriegen gegeneinander. Die USA zerfallen in vier oder fünf einander feindlich gesonnene Territorien.

Während des Dritten Weltkrieges und auch später noch leiden Abermillionen Menschen unter bis dahin völlig unbekannten Krankheiten. Die Seuchen rufen unter anderem schreckliche Atemnot, Erblindung, Geisteskrankheiten und einen langsamen Zerfall des Körpers hervor.

65

Jeder vierte Mensch auf dem Planeten hat nach dem Dritten Weltkrieg sein Leben verloren."

Johannes von Jerusalem

Der französische Adlige, der wahrscheinlich Anno 1043 geboren wurde und im Jahr 1120 starb, war einer jener neun Kreuzritter, welche den Templerorden gründeten. Sein eigentlicher Name lautete Jehan de Vézelay; da er aber im Juli 1099, auf dem Höhepunkt des Ersten Kreuzzuges, an der Erstürmung Jerusalems teilgenommen und anschließend lange Zeit in der genannten Stadt gelebt hatte, ging er als Jehan, respektive Johannes von Jerusalem in die Geschichte ein.

In Palästina soll der Kreuzritter, nachdem er eine grundlegende innere Wandlung durchgemacht hatte, auch zum Propheten geworden sein. Es heißt von ihm, dass er häufig in der Wüste meditierte und dabei seine visionären Eingebungen hatte; Anno 1117 schließlich, kurz vor seinem Tod, schrieb er seine Prophezeiungen in einem Buch nieder, dem er den Titel „Die Schrift der Weissagungen" gab. Von diesem Werk sollen sechs Abschriften angefertigt worden sein, und es gibt Hinweise darauf, dass sich eine davon später, im 16. Jahrhundert, im Besitz von Nostradamus befand. Nach dessen Ableben jedoch soll das Buch spurlos verschwunden sein, und ebenso galten alle übrigen Exemplare bis vor kurzem noch als verschollen.

Bald nach dem Zusammenbruch der UdSSR aber entdeckte ein französischer Historiker namens Galvieski eine der mittelalterlichen Originalkopien des Werkes in einem bis dahin nicht zugänglichen Archiv des russischen Geheimdienstes KGB. Galvieski wertete seinen Fund gründlich aus und publizierte die Ergebnisse seiner Forschungen sowie die Prophezeiungen des Johannes von Jerusalem in seinem 1994 erschienenen Buch „Le livre des propheties". Dieses Werk enthält die vierzig umfangreichen Schauungen des Kreuzritters, welche sich zeitlich zunächst auf den Beginn und dann auf das Ende des Dritten Jahrtausends beziehen. Und die brisantesten Vorhersagen für das 21. Jahrhundert, die vom Autor des vorliegenden Buches ins Deutsche übertragen wurden, sollen nun vorgestellt werden.

***

„Wenn das Millennium einsetzt, das auf das Millennium (des Johannes von Jerusalem) folgt:

Wird der Mensch goldenes Fieber im Blut haben. Bei der Betrachtung des Sternenhimmels wird er gleißende Stücke Mammon zählen. Wenn er den Tempel betritt, wird Krämergeschrei sein. Aus den Getreuen werden Hurenböcke des Geldes und Wucherer geworden sein. Mit dem Schwert wird die Tücke der Schlange verteidigt werden. Dann jedoch wird Flammenglut aufbrüllen. Die Pein Sodoms und Gomorrhas in jeglicher Stadt. Kinder, die zu brennenden Feuerzungen werden.

Wenn das Millennium einsetzt, das auf das Millennium folgt:

Kann niemand mehr die Zahl der Menschen zählen. Einem Ameisenhügel ist die Menschheit gleich, in den ein Stock gestoßen wird. Und sie wimmeln kopflos in alle Richtungen, ehe der Tod sie mit seinem Stiefel zertritt. Gleich kopflosen und verwirrten Ameisen sind sie. Sie rasen von einer Stadt zur anderen in großen Strömungen und Horden. Dunkle Haut vermählt sich mit heller. Christlicher Glaube mischt sich mit unchristlichem. Frieden und Eintracht wird so mancher lehren, aber überall auf Erden liegen feindliche Völker im Krieg.

Wenn das Millennium einsetzt, das auf das Millennium folgt:

Werden Augen und Ohren des Menschen bis zu den Enden des Erdkreises reichen. Aber er wird Greuel sehen und hören: Säuglinge, denen das Gebein durchs Fleisch spießt. Kinder, in deren Augen Schmeißfliegen nisten, und andere, die gehetzt werden gleich Rattenbrut. Abwenden wird der Mensch sein Antlitz von den Greueln. Und er wird ohne Mitleid sein. Eine Faustvoll Korn wirft er den Darbenden hin, er selbst schöpft aus vollen Scheunen. Was er mit der Linken wegwirft, rafft er mit der Rechten vielfach wieder an sich.

Wenn das Millennium einsetzt, das auf das Millennium folgt:

Betritt der Mensch ein finsteres Labyrinth, in dem er sich rettungslos verirrt. Von Furcht erfüllt, schlägt er die Hand vor die Augen; sein Blick durchdringt die Dunkelheit nicht mehr. Vom Zweifel gewarnt, schreckt er zurück; jeder Schritt jagt ihm Angst ein. Aber er wird vorwärts gepeitscht, die Dunkelheit gönnt ihm keine Besinnung. Der Mensch vernimmt nicht Kassandras Stimme, so laut sie auch ruft. Denn Gier treibt ihn, und seinen Blick umgaukeln Trugbilder. Finstere Herrscher, die sich zu seinen Meistern aufwerfen wollen, täuschen und verlocken den Menschen. Einzig noch schlechten Hirten ist er ausgeliefert.

Wenn das Millennium einsetzt, das auf das Millennium folgt: Wird der Mensch mit jeglichem Leben wuchern. Jegliches Leben wird vom Wucherpreis geschändet: Tier, Pflanze, selbst Wasser und Luft. Kein Leben wird länger Gabe Gottes sein, jegliches Leben wird dem Wucher unterworfen. Selbst der Wert des Menschen selbst wird dann einzig an seinem Fleisch gemessen. Verhökert wird sein Leib gleich einem Fetzen Wildfleisch. Des Menschen Ohr und Herz werden sie rauben. Leben und Seele, die heilig waren, werden als etwas Unheiliges betrachtet werden. Sie gieren nach des Menschen Leib und Blut, als würden sie Aasfleisch zerreißen.

Wenn das Millennium einsetzt, das auf das Millennium folgt: Wird der Mensch, erdgeboren, aber von maßlosem Wahn besessen, sich für gottgleich erachten. Getrieben von Hass, Neid und Gier wird der Mensch wie irrsinnig um sich schlagen. Die Macht, die er raubte, verleiht ihm Stärke dazu. Dennoch ist er nichts als ein dumpfer Prometheus, dessen einzige Kunst Zerstörung ist. Die Macht des Giganten besitzt der, dessen Seele zwergengleich ist. Mit den Schritten eines Riesen schreitet er voran, kennt aber den Pfad der wahren Erkenntnis nicht. Nicht erfüllt, sondern dumpf vom falschen Wissen ist sein Kopf. Nichts begreift er vom Gesetz des Lebens und Sterbens. Wie ein tobender Wahnsinniger ist der Mensch, einem wild plärrenden Säugling gleich.

Wenn das Millennium einsetzt, das auf das Millennium folgt: Macht sich der frevelnde Mensch daran, das Antlitz der Erde zu zerstören. Als einen Beherrscher und Zwingherrn der Forste und Weiden wird er sich sehen. Bald dann hat er Erde und Firmament durchpflügt, hat seinen Pflug durch Ströme und Ozeane gezerrt. Aber das Land wird geschändet sein und wird keine Früchte mehr tragen. Wie etwas Brennendes wird die Luft sein, wie Pesthauch werden die Gewässer stinken. Alles Leben beginnt zu verdorren, denn der Mensch hat die Fülle der Erde zerstört. *Er wird in seiner bösen Verachtung der Erde einsam irren gleich einem ausgestoßenen Wolf.*

Wenn das Millennium einsetzt, das auf das Millennium folgt:

Wird der Mensch sich Trugbilder schaffen. Körperlose Wesen werden erschaffen, welche Augen, Ohren, Nase und Hände täuschen. Der Mensch wird berühren, was in Wahrheit niemand berühren kann. Er wird über Pfade wandeln, die sich allein in seinen Augen schlängeln. Trügerische Träume wird der Mensch für Wahrheit halten. In trügerischen Labyrinthen wird sich der Mensch verirren. In Irrgärten, in denen das lebt, was nicht lebt. Und die bösartigen Gaukler, welche die Trugbilder erschaffen, werden ihr Gaukelspiel und ihren Betrug mit dem irregeleiteten Menschen treiben. Zu speichelleckenden Kötern werden so die Menschen in großer Zahl.

Wenn das Millennium einsetzt, das auf das Millennium folgt:

Entsteht eine finstere, heimliche Ordnung. Neid wird ihr Schlachtruf sein und Gift ihr Schwert. Sie wird schrankenlos Gold raffen und den Erdkreis unter ihre Peitsche zwingen. Durch einen Blutkuss schmiedet die Ordnung den finsteren Pakt. Sie zwingt ihr heimliches Gesetz den Menschen ohne Macht und den Menschen guten Herzens auf. Aus der Finsternis heraus befiehlt die Ordnung ihr einziges Gesetz. In die Gotteshäuser hinein verspritzt sie ihr schwarzes Gift. Der Giftstachel des Skorpions ist unter den Schuhen der bösen Ordnung, und so schreitet die Erde in ihr Verderben.

Wenn das Millennium einsetzt, das auf das Millennium folgt:

Werden Zwingherren ohne Glauben regieren. Tyrannen werden sie sein über hilflose und ahnungslose Menschenströme. Die Gesichter der Bösartigen werden verhüllt sein und die Namen der bösartigen Herrscher geheim. Tief in unzugänglichen Forsten verbergen sich ihre uneinnehmbaren Zwingburgen. Das Schicksal aller Menschen halten sie in ihren eisernen Fäusten. Kein Unberufener findet Zugang zu den Festungen ihrer heimlichen Ordnung. Die Menschen glauben, freie Männer und von ritterlichem Reichtum zu sein. Aber in Wahrheit sind sie Leibeigene und Sklaven. Nur die aus den Behausungen in der Wildnis; diejenigen,

die als Ketzer verflucht werden, sind imstande, den Aufstand zu wagen.
Aber sie werden geschlagen und bei lebendigem Leibe verbrannt werden.
Wenn das Millennium einsetzt, das auf das Millennium folgt:
Werden an tausend Orten der Erde babylonische Türme den Himmel
spießen. Die Verheerung wird ein einziges Rom und Byzanz sein. Öde
und verwaist sind die einst fruchttragenden Felder. Jeder schreit sein
eigenes Gesetz heraus, so dass es keinerlei Gesetz mehr geben wird. In-
nerhalb der Stadtmauern wird Barbarei hausen. Hungersnöte werden
ausbrechen. Die verfluchten Belustigungen werden keinen mehr sättigen
können. Aus Furcht vor dem nächsten Morgen wird der Mensch die
Scheiterhaufen entfachen.
Wenn das Millennium einsetzt, das auf das Millennium folgt:
Wird grimmiger Hunger in den Eingeweiden der Menschen wühlen.
Ihre Körper werden starr sein vor Frost. In ihrer Not heulen die Men-
schen nach einer besseren Erde. So werden die Gaukler der Bilder er-
scheinen und den Menschen ihr böses Gift aufschwatzen. Das Gift aber
vernichtet die Leiber und zerfrisst die Herzen und Seelen. Gleich einem
Raubtier in der Falle wird der sein, in dessen Inneres das Gift der Bilder
eindringt. So werden sie rauben und schänden, Böses erzwingen und
morden. Gleich den Greueln des Jüngsten Tages wird ihr Dasein Tag für
Tag seine Fratze zeigen.
Wenn das Millennium einsetzt, das auf das Millennium folgt:
Werden viele Länder der Kriegslust zum Opfer fallen. In zahlreichen
Städten werden die Bewohner sich gegenseitig abschlachten. Gemetzel
wird sein zwischen Völkern hier und Gläubigen dort. Die Völker Allahs
und die Anhänger des Moses streiten ingrimmig gegeneinander. Ihr
Schlachtfeld wird das Land der Christen sein. Dort verbeißen sich die
Lehren beider Religionen. Von außen schlagen ihnen entgegen Ableh-
nung und große Macht. Und auf dem Banner der kommenden Zeit ist
tödlicher Untergang geschrieben.
Wenn das Millennium einsetzt, das auf das Millennium folgt:
Wird das menschliche Leben nicht länger menschliches Leben sein.
Viele werden kein Gesetz, keine Hütte und kein Brot mehr besitzen. Viele

werden nackt sein. Sie werden nichts haben als ihren nackten Leib, den sie verkaufen können. In die Fremde werden diese gejagt: weg von den babylonischen Türmen, wo geraubter Überfluss herrscht. Aber sie knurren ihre Drohungen und nennen die Schuldigen beim Namen. Sie setzen sich auf totem Land fest und zeugen dort Kinder. Ihre Propheten sprechen von der Zeit der Rache. So werden sie schließlich die babylonischen Türme berennen und stürmen. Dies ist die Zeit, da die Angriffe der Barbaren beginnen.

Wenn das Millennium einsetzt, das auf das Millennium folgt:

Wird der Tod wie wütender Donner über die Welt kommen. Die Barbaren werden zusammenprallen mit den Resten der Legionen. In den Ruinen der heiligen Städte werden Heiden lagern. Barbarei, Treulosigkeit und wilde Wut treten die Herrschaft an. Chaos beherrscht die Erde. Hass rast wie Feuer durch einen dürren Forst. Barbaren und Legionäre schlachten einander. Heiden erdrosseln Christen. Grausame Wut glüht in den Herzen aller. Vernichtet werden die Städte der Erde.

Wenn das Millennium einsetzt, das auf das Millennium folgt:

Wird die Seuche der Ozeane, des Firmaments und des festen Landes den Menschen bedrohen und ihn vergiften. Was er vernichtet hat, wird der Mensch wieder aufrichten wollen. Was noch sein Leben fristet, wird er verzweifelt zu retten versuchen. Er wird es aus Furcht tun vor dem Kommenden. Aber was er retten möchte, ist nicht mehr zu retten. Aus sattem Erdreich wird tote Wüste. Tief in den Gewässern öffnen sich Abgründe, die dann, wenn die Zeit kommt, aufbrechen werden und alles Leben verschlingen gleich der Sintflut. So wird der letzte Tag des Erdkreises anbrechen, und der giftige Hauch wird zuerst die Leiber der Kinder und Greise verzehren.

Wenn das Millennium einsetzt, das auf das Millennium folgt:

Wird das Festland vielfach erschüttert werden und werden große Städte mit Mauern und Türmen verschlungen werden. Verschlungen und vernichtet wird alles, was gegen den Ratschlag der Wissenden errichtet wurde. Unter dem Morast vergehen die Dörfer, unter den Fundamenten der stolzen Paläste tut sich die Erde auf. So möchte die Erde den

Menschen warnen. *Aber der Mensch ist blind und taub vor Stolz und vernimmt die Warnung nicht. So werden Feuerstürme all die Städte stürzen, die wie ein neues Rom sind. Die Legionen können den Reichtum nicht retten, Barbaren und Besitzlose plündern den Reichtum. Wenn das Millennium einsetzt, das auf das Millennium folgt: Wird Sol den Leib Terras verzehren. Nicht länger wird die Luft vor der Glut bewahren; die Luft wird nur noch ein durchlöcherter Schleier sein, und die tödliche Glut wird Haut und Augen verätzen. Gleich einem brodelnden Kessel schäumt der Ozean gen Himmel. Das Meer verschlingt Städte und Ströme und überflutet riesige Teile der Erde. Diejenigen, die sich auf die Berge gerettet haben, bemühen sich, das Zerstörte neu zu errichten. Sie wissen nicht mehr, was sich ereignet hat."*

Merlin

Der britannische Druide, Königsberater und Ovate (Prophet) ist entgegen weitverbreiteter Meinung keine bloße Sagengestalt, sondern historisch durchaus fassbar. Myrddin, wie sein richtiger Name in brythonisch-keltischer Sprache lautet, wurde um das Jahr 450 geboren und starb etwa 520. Als sein Geburtsort ist die spätkeltische Hügelfestung Bryn Myrddin (Hügel Merlins) nahe der heutigen südwestwalisischen Stadt Carmarthen überliefert, wo im nachrömischen Britannien wieder Stammeskönige des keltischen Volksstammes der Demetier regierten. Myrddin entstammte dem demetischen Königsgeschlecht und wurde, wahrscheinlich auf der Insel Môn Mam Cymru (Môn, Mutter von Wales/Anglesey), zum Druiden ausgebildet.

Später wirkte Myrddin als Berater des Rhiotam (Kriegskönigs) Arddwr (Arthur/Artus), welcher die britannischen Keltenstämme im Kampf gegen die zu jener Zeit ins Land einfallenden Angeln, Sachsen und Jüten anführte. Nach Arddwrs Tod wurde Myrddin König der Demetier; als solcher koordinierte er den bewaffneten Widerstand der Kelten gegen die Germanen und bekämpfte zugleich das sich jetzt allmählich im nordwestlichen Britannien ausbreitende Christentum. In der Schlacht von Arfderryd, die er gegen einen christianisierten Stammeskönig namens Rhydderch Hael schlug, unterlag Myrddin und verbrachte daraufhin seine letzten Jahre in der Wildnis der Kaledonischen Wälder, die sich entlang der heutigen Grenze zwischen England und Schottland erstreckten.

Myrddin soll dort in einem Hain von Wildapfelbäumen gelebt haben, und in der Einsamkeit dieses Druidenhains hatte er erschütternde Visionen, in denen er die Zukunft Britanniens und Europas über mehr als eineinhalb Jahrtausende hinweg mit frappierender Genauigkeit erschaute. Für das 21. Jahrhundert sagte Myrddin, der kurz vor seinem Tod auf die Ynys Enlli (Insel Bardsey) vor der nordwestwalisischen Lleyn-Halbinsel gebracht und dort in einer Höhle beigesetzt worden sein soll, eine globale Menschheitskatastrophe vorher

– und die wichtigsten, teilweise gekürzten Passagen aus dieser sehr umfangreichen Prophezeiung, die vom Autor ins Deutsche übertragen wurden, finden sich nachstehend.

***

„Wurzeln und Äste werden ihre Plätze tauschen, und die Seltsamkeit dieses Geschehens wird als ein Wunder gelten.

In jenen Tagen werden auf den Waldlichtungen die Eichen aufflammen, und die Eicheln werden auf den Lindenästen sprießen.

Die Severn-See wird aus sieben Mündungen hervorbrechen; der Fluss Usk wird sieben Monate lang kochen. Die Fische in ihm werden in der Hitze und an den Schlangen, die der Strom ausgebiert, sterben.

Die Quellen von Bath werden erkalten, und ihr heilkräftiges Wasser wird den Tod ausbrüten.

London wird den Tod von zwanzigtausend Menschen beklagen, und das Wasser der Themse wird sich in Blut verwandeln.

Ein Blutregen wird fallen, und eine schreckliche Hungersnot wird die Menschheit heimsuchen.

Drei Quellen werden in der Stadt Winchester aus der Erde brechen, und die Ströme, die sich aus ihnen ergießen, werden die britannische Insel in drei Teile zerschneiden. Wer aus dem ersten Fluss trinkt, wird sich eines langen Lebens erfreuen und wird niemals vom Ausbruch einer Krankheit heimgesucht werden. Wer aus dem zweiten trinkt, wird an unstillbarem Hunger zugrunde gehen: Blässe und Angst werden sich auf seinem Antlitz malen. Wer aus dem dritten Fluss trinkt, wird eines plötzlichen Todes sterben, und es wird unmöglich sein, seinen Körper zu beerdigen. In ihren Bemühungen, das unersättliche Umsichgreifen solcher Todesfälle zu vermeiden, werden die Menschen alles versuchen, die Kadaver mit Schichten aus verschiedenem Material zu bedecken. Aber welche Materie auch immer obenauf gepackt wird, sie verändert sich sofort zu einer anderen Substanz. Sobald sie dort hingebracht wird, wird Erde sich zu Stein umbilden, Steine werden sich verflüssi-

gen, Holz wird zu Asche werden, und Asche wird sich in Wasser verwandeln.

Männer werden betrunken vom Wein, der ihnen angeboten wird; sie werden ihre Kehrseiten himmelwärts drehen und ihre Augen auf die Erde heften. Die Sterne werden ihren Blick abwenden von jenen Männern und werden ihren gewohnten Lauf ändern. Die Ernten werden wegen des Zorns der Sterne verdorren, und alle Feuchtigkeit des Himmels wird austrocknen.

Vor der bernsteinfarbenen Glut Merkurs wird das helle Licht der Sonne sich verdunkeln. Der Planet Merkur wird seinen Schild verändern, und der Helm des Mars wird die Aufmerksamkeit auf Venus lenken. Der Helm des Mars wird einen Schatten werfen, und in seinem Toben wird Merkur seine Umlaufbahn überrennen. Der Eiserne Orion wird sein Schwert entblößen. Die wässrige Sonne wird die Wolken peinigen. Jupiter wird seine vorbestimmten Pfade verlassen, und Venus wird aus ihren festgesetzten Kreisläufen fliehen. Der Groll des Planeten Saturn wird gleich Regen herniederströmen und sterbliche Menschen wie mit einer geschwungenen Sichel töten. Die zwölf Häuser der Sterne werden weinen, wenn sie ihre Bewohner dermaßen außer Rand und Band geraten sehen. Die Zwillinge werden ihre gewohnten Umarmungen beenden und werden den Wassermann zu den Quellen senden. Die Schalen der Waage werden schief hängen, bis der Widder sie mit seinen gewundenen Hörnern stützt. Der Schwanz des Skorpions wird einen Blitz erzeugen, und der Krebs wird mit der Sonne kämpfen. Die Jungfrau wird auf den Rücken des Schützen klettern und wird von dort ihre mädchenhaften Blüten herabhängen lassen. Der Streitwagen des Mondes wird durch den Tierkreis Amok laufen, und die Plejaden werden in Tränen ausbrechen. Keiner von ihnen wird zu der Pflicht zurückkehren, die von ihnen erwartet wird. Ariadne wird ihre Tür schließen und in den sie umgebenden Wolkenbänken verborgen sein.

Innerhalb eines Augenblicks werden die Meere sich erheben, und die Arena der Winde wird abermals geöffnet werden. Die Winde werden gegeneinander kämpfen mit einem Getöse von böser Vorbedeutung, und ihr Toben wird widerhallen von einem Sternzeichen zum anderen.

Der Tod wird seine Hand auf die Menschen legen und all die Völker vernichten. Diejenigen, die am Leben geblieben sind, werden den Ort ihrer Geburt verlassen und werden ihre Saat in die Felder anderer Menschen säen.

Jedoch wird von einer Stadt im Carnuten-Wald ein Mädchen gesandt werden, um dem Übel durch seine Heilkunst abzuhelfen. Nachdem sie die Orakel befragt hat, wird sie die schädlichen Quellen allein durch ihren Atemhauch versiegen lassen.

Als nächstes wird ein Reiher auftauchen und wird die Insel volle zwei Jahre umfliegen. Durch seinen Schrei in der Nacht wird er alle geflügelten Lebewesen zusammenrufen und in seinem Gefolge jegliche Vogelart versammeln. Sie werden auf die Felder herabstoßen, die von den Menschen angelegt wurden, und werden jegliche Ernte verschlingen. Eine Hungersnot wird die Menschen heimsuchen, und nach der Hungersnot wird eine entsetzliche Anzahl von Toten zu beklagen sein.

Dann wird die Themse von neuem zu fließen beginnen. Sie wird ihre Nebenflüsse zusammenziehen und ihre Ufer überfluten. Sie wird die Städte in der Nähe überschwemmen und die Berge wegreißen, die ihr im Weg stehen.

Die Jungen werden brüllen, während sie Wache halten; sie werden die Walddickichte verlassen und werden kommen, um innerhalb der Mauern der Städte zu jagen. Sie werden große Blutbäder unter all denen verursachen, die sich ihnen entgegenstellen, und sie werden die Zungen von Bullen abschneiden. Die Nacken der Brüllenden werden sie mit Ketten beladen und werden abermals die Tage ihrer Vorfahren leben.

Der religiöse Kult wird völlig vernichtet werden, und alle werden Zeugen des Unterganges der Kirchen werden.

Ein grauhaariger alter Mann auf schneeweißem Ross wird einen Fluss in Cymru umleiten, und über dem Strom wird er mit seinem weißen Stab den Grund für eine Mühle ausmessen.

Ein Widder wird erscheinen; er trägt goldene Hörner und einen silbernen Bart. In den Tagen des Widders wird Frieden herrschen, und die Ernten werden wegen des Reichtums der Erde im Übermaß ausfallen.

Die Frauen werden sich gleich Schlangen fortbewegen, und jeder Schritt, den sie tun, wird von hoher Anmut sein.

Ein Riese, von schneeweißer Farbe und glanzvoll schimmernd, wird einen leuchtenden Menschen zeugen."

Zweiter Buchteil

Aussagen der Visionäre
zum zeitlichen und geographischen
Ablauf der Globalkatastrophe

Das große Szenario der „Apokalypse"

Ehe wir uns detailliert mit den Auswirkungen der prophezeiten Menschheitskatastrophe auf Bayern beschäftigen, soll zunächst in einem zusammenfassenden Szenario dargestellt werden, welche Ursachen die verschiedenen Visionäre für den Zusammenbruch der modernen Zivilisation bis hin zu einem Dritten Weltkrieg nennen und welchen Verlauf die Globalkatastrophe im einzelnen nehmen wird.

„Wurzeln und Äste werden ihre Plätze tauschen (…), und die Eicheln werden auf den Lindenästen sprießen." So charakterisiert Merlin die Zeit, welche dem „Weltuntergang" unmittelbar vorangeht, und der britannische Druide drückt dadurch aus, dass die natürliche Ordnung der Dinge quasi auf den Kopf gestellt ist. Die uralten Gesetze des Lebens sind, scheinbar zumindest, außer Kraft gesetzt – und die Schuld daran trägt, wie Johannes von Jerusalem sagt, die rücksichtslose, hemmungslos profitorientierte Vermessenheit der Menschheit zu Beginn des dritten Jahrtausends.

Denn die Menschen des 21. Jahrhunderts, so der mittelalterliche Prophet, hätten *„goldenes Fieber im Blut"*. Sie könnten die Schönheit des Sternenhimmels nicht mehr erkennen, sondern würden selbst beim Anblick der Sterne nur noch *„gleißende Stücke Mammon"* zählen; sie seien *„Hurenböcke des Geldes und Wucherer geworden"*. Und dann steigert Johannes von Jerusalem seine Anklage noch, indem er schreibt: *„Jegliches Leben wird vom Wucherpreis geschändet: Tier, Pflanze, selbst Wasser und Luft."* Und weiter: *„Getrieben von Hass, Neid und Gier wird der Mensch wie irrsinnig um sich schlagen. Die Macht, die er raubte, verleiht ihm Stärke dazu. Dennoch ist er nichts als ein dumpfer Prometheus, dessen einzige Kunst Zerstörung ist. Die Macht des Giganten besitzt der, dessen Seele zwergengleich ist. Mit den Schritten eines Riesen schreitet er voran, kennt aber den Pfad der wahren Erkenntnis nicht. Nichts begreift er vom Gesetz des Lebens und Sterbens. Wie ein tobender Wahnsinniger ist der Mensch, einem wild plärrenden Säugling gleich."*

In eine ähnliche Richtung gehen die Warnungen des Bayerwald-Sehers Josef Kronschnabl: *„Die aggressive Strahlung der Handys zerstört irgend etwas in den Gehirnen der Menschen. Da wird etwas im Kopf kaputt gemacht, und die Leute werden davon noch verrückt werden. Genauso wird es bei den Tieren sein. Man darf sich nicht mehr zu ihnen hintrauen, weil sie so unberechenbar geworden sind. Die Computerspiele richten einen fürchterlichen Schaden an. Die zerstören auch etwas in den Gehirnen, und am schlimmsten ist es bei den Kindern und Jugendlichen. Die werden dann oft kriminell und gewalttätig.“*

Sehr treffend schildern die Visionäre, was sich derzeit auf unserem Planeten abspielt. Ein immer rücksichtsloser sich ausbreitender Neokapitalismus vergewaltigt durch seine schrankenlose Profitgier die Erde und ihre Bewohner; aufgrund der globalisierten Maßlosigkeit, die insbesondere von den USA und dazu den amerikanisierten Industriestaaten Europas sowie neuerdings auch von China ausgeht, wird die Natur aufs schlimmste geschädigt und werden weltweit die regionalen Zivilisationsstrukturen und Kulturen vernichtet. Die Folge ist eine zunehmende Orientierungslosigkeit der Menschheit, die schreckliche Werteverluste und vielfältiges Aggressionspotential nach sich zieht – so dass, während Umweltzerstörung und Klimawandel immer bedrohlichere Ausmaße annehmen, zu allem Überfluss auch noch ständig Kriege geführt werden.

Verschiedene Länder des Nahen und des Mittleren Ostens sowie Nordafrikas sind, nachdem sie durch militärische und politische Irrsinnsaktionen des Westens völlig destabilisiert wurden, zu permanenten Kriegsschauplätzen geworden – und darüber hinaus zu Brutstätten eines unsagbar bestialischen Terrorismus mit islamfaschistischen Wurzeln. Gleich zu Beginn des neuen Jahrtausends, am 11. September 2001, schlugen moslemische Massenmörder in New York und Washington zu; fast dreitausend Menschen starben, als die Al-Kaida-Faschisten mehrere von ihnen entführte Passagierflugzeuge in die Türme des World Trade Centers und ins Pentagon-Gebäude steuerten.

Später entstand aus der Terrororganisation Al-Kaida der sogenannte Islamische Staat, dessen vertierte Anhänger sich grauenhaftester Blutorgien in Syrien und im Irak schuldig machten. Zudem verübten die IS-Schlächter oder deren entmenschte Sympathisanten fürchterliche Terroranschläge in europäischen Metropolen und anderen Städten. In Afrika, im nordwestlichen China und im Fernen Osten wiederum wüten Dutzende weitere Terrorhorden mit moslemischem Hintergrund; insgesamt lässt sich sagen: Der Islamfaschismus, der auf barbarischer Menschenverachtung beruht, hat sich im frühen 21. Jahrhundert wie eine todbringende Seuche über große Teile der Erde ausgebreitet.

Zwar wurde zumindest der IS während der Jahre 2016 und 2017 in seinen syrischen und irakischen Kerngebieten weitgehend besiegt, doch westliche Experten sind sich darin einig, dass die blutrünstige IS-Ideologie damit nicht ausgerottet ist; dass sich die moslemischen Faschisten im Untergrund neu formieren werden. Und außerdem ist durchaus eine noch gefährlichere Entwicklung als bisher denkbar: Überlebende IS-Mörder beziehungsweise andere Islam-Terroristen könnten an „schmutziges" nukleares Bombenmaterial herankommen (oder besitzen es bereits) und könnten damit Terrorangriffe durchführen, die alle bisherigen in den Schatten stellen würden. Aber auch biologische oder chemische Massenvernichtungswaffen könnten gegen „Ungläubige" eingesetzt werden; im Irak und in Syrien soll der IS bereits entsprechende Experimente durchgeführt haben.

Mit derartigen Waffen und zusätzlich mit hochbrisantem Sprengstoff, wie ihn moslemische Terroristen längst besitzen, könnte ein entsetzlicher Schlag gegen den Westen geführt werden. „Optimales" Ziel eines solchen Angriffs wäre eine der Megastädte der USA, etwa erneut New York – und dass es zu einem fürchterlichen Anschlag auf diese Millionenstadt beziehungsweise die Ostküste der USA kommen wird, sagen gleich zwei Visionäre voraus.

Der Bauer aus dem Waldviertel prophezeit: *„Ein Konflikt auf dem Balkan und die Zerstörung New Yorks, das ist der Anfang der kriegeri-*

schen Auseinandersetzungen. New York wird unerwartet bereits zu dieser Kriegszeit durch kleine Sprengsätze, die sehr nieder explodieren, zerstört. Dass dies der Racheakt von Terroristen sei, hörte ich sagen."

Und beim Zellertaler Bauern heißt es: *„Zwei Tage nach den Terroranschlägen vom 11. September 2001 bekam ich wieder so ein Gefühl: Noch in diesem Jahrzehnt wird eine Atombombe von Terroristen gezündet. Das Anschlagsziel sind wieder die USA. Ich konnte in einem Nachrichtenbeitrag im Fernsehen die Ostküste der USA erkennen – wo die Bombe aber genau gezündet werden wird, weiß ich nicht."*

***

Der Dritte Weltkrieg wird also nach den Worten dieser beiden Seher (wobei der Zellertaler Bauer allerdings mit seiner Zeitangabe irrt) durch einen Terrorangriff auf den Osten der Vereinigten Staaten ausgelöst, und danach scheint es rasch zu einer Eskalation auf dem Balkan und im Mittelmeerraum zu kommen.

Alois Irlmaier erklärt dazu: *„Zwei Männer bringen einen dritten, einen Hochgestellten, um. Ich denke, auf dem Balkan wird es sein. Südöstlich von uns geschieht es. Nach der Ermordung des Dritten geht es über Nacht los."*

Der Bauer aus dem Waldviertel äußert sich folgendermaßen zum Anfang der kriegerischen Auseinandersetzungen im südöstlichen Europa: *„Die Überschwemmungen im Mittelmeergebiet werden durch A-Waffen-Zündungen in großer Höhe über der Adria hervorgerufen. Der Krieg beginnt in der Nähe der Adria und endet in der Türkei. Dabei werden die ersten größeren A-Waffen eingesetzt."*

Der Eismeerfischer Anton Johansson sagt: *„Russische Armeen stoßen auf den Balkan vor, und die Länder dort werden verheerend geschlagen. Auch in Italien bricht nun ein Krieg aus."*

Und schließlich Berta Hacker: *„Es wird eine Revolution kommen: von Iran nach Irak, von Irak nach Italien."*

***

Der beginnende Dritte Weltkrieg, der nun laut Berta Hacker auch im schon heutzutage schwer destabilisierten Mittleren Osten aufgeflammt ist, zieht zunächst den Mittelmeerraum von der (radikalislamisch gewordenen?) Türkei über den Balkan bis Italien in Mitleidenschaft. Danach rast die Kriegsfurie über ganz Europa hinweg, und wenn man die entsprechenden Schauungen der verschiedenen Visionäre miteinander kombiniert, ergibt sich ein Szenario brutalster militärischer Gewalt.

Alois Irlmaier: *„Drei Heersäulen streben zum Rhein. Der erste Wurm geht vom blauen Wasser nordwestlich bis an die Schweizer Grenze. Der zweite Stoßkeil geht von Sachsen aus direkt nach Westen. Der dritte von Nordosten nach Südwesten.*

Die Feuerzungen fliegen unermesslich weit nach Nordwesten, nach Westen und Süden. Ich sehe die Erde wie eine Kugel vor mir, auf der nun die weißen Tauben heranfliegen. Aus dem Sand steigen sie auf, so viele, dass ich sie nicht zählen kann. Eine klare Nacht wird es sein, wenn sie zu werfen anfangen. Es regnet einen gelben Staub in einer Linie. Die Goldene Stadt wird vernichtet, da fängt es an. Wie ein gelber Strich geht es hinauf bis zur Stadt in der Bucht. Wo es hinfällt, lebt nichts mehr. Was das ist, weiß ich nicht und kann es nicht sagen. Es ist ein langer Strich. Wer darüber geht, stirbt. Die herüben sind, können nicht hinüber, und die drüben nicht herüber. Dann bricht bei den Heersäulen herüben alles zusammen. Sie müssen alle nach Norden. Heim kommt keiner mehr von den drei Heereszügen. – Die Inseln vor der Küste gehen unter. Da hebt sich das Wasser wie ein einziges Stück turmhoch und fällt wieder herunter. Es gibt ein Erdbeben, und die große Insel wird zur Hälfte versinken. Drei Städte sehe ich untergehen. Die schöne Stadt am blauen Meer versinkt fast ganz im Meer und im Schmutz und Sand, den das Meer herauswirft. Ein Teil Englands verschwindet, wenn das Ding ins Meer fällt, das der Flieger hineinschmeißt. Eine große Stadt wird durch Raketengeschosse vernichtet werden. Paris wird zerstört. Die eigenen Leute zünden es an.“

Der Bauer aus dem Waldviertel: *„Ich sah die Russen wieder hier einziehen. Es war die Richtung Langenlois-Krems. Es war von dort starker*

Kampflärm zu hören. Es folgten dann wiederholt längere Beschießungen mit konventionellen Waffen, bei denen viele Personen den Tod fanden. Bereits vor der Endschlacht wird es bei uns wegen der stets wechselnden Front kaum ein Haus geben. Diese findet am Beginn hauptsächlich zwischen den kommunistischen Verbänden und China, vorwiegend mit sehr beweglichen Panzern, in und um die CSSR (Tschechien und Slowakei) statt. Bei dem Kampf werden erstmals massiert stärkste Nuklearwaffen eingesetzt. Dieser Kampf wird hauptsächlich zwischen China und Russland ausgetragen. Die Chinesen versuchen, die zurückweichenden Russen in die Zange zu nehmen. Es werden dann gehäuft A-Waffen eingesetzt, ganze Berge weggesprengt, um die anderen zu erschlagen."

Der Blinde Hirte von Prag: *„Das Volk in Böhmen wird durch den Krieg vernichtet, und alles im Land wird verschüttet werden. Deutschland wird ein großer Trümmerhaufen sein, und nur die Gebiete der blauen Steine werden verschont bleiben. Und das Land Bayern hat viel zu leiden."*

Der Mönch von Wismar: *„Europa wird von fürchterlichen Züchtigungen heimgesucht werden. Feurige Drachen werden durch die Lüfte fliegen und Feuer und Schwefel speien und Städte und Dörfer vernichten. Zwei Jahre und fünf Monate wird der Aufruhr dauern."*

Anton Johansson: *„Russland unternimmt einen Angriff auf Skandinavien. Russische Armeen stoßen auf den Balkan vor, und die Länder dort werden verheerend geschlagen. Auch in Italien bricht nun ein Krieg aus. Ein Angriff aus Osten, wobei die Armeen zunächst Ungarn, Österreich, Norditalien und die Schweiz überrennen, richtet sich gegen Frankreich. Ein weiterer militärischer Vorstoß der Östlichen zielt auf Spanien. Von französischem Boden aus führen die Eroberer Krieg gegen England, Spanien und Skandinavien. Unter dem Druck der Angreifer aus Osten attackiert Frankreich den europäischen Norden. Schweden und Norwegen werden überrannt. Zur selben Zeit erfolgt von Osten her ein Angriff auf Deutschland. In einem Bürgerkrieg kämpfen dann Deutsche gegen Deutsche. In Großbritannien bricht eine Revolution aus. Der Volksaufstand weitet sich schnell nach Irland aus. Auch im Süden von Wales herrscht jetzt Bürgerkrieg."*

Johannes von Jerusalem: *„Es werden viele Länder der Kriegslust zum Opfer fallen. In zahlreichen Städten werden die Bewohner sich gegenseitig abschlachten. Gemetzel wird sein zwischen Völkern hier und Gläubigen dort. Die Völker Allahs und die Anhänger des Moses streiten ingrimmig gegeneinander. Ihr Schlachtfeld wird das Land der Christen sein."*

Merlin: *„Der Tod wird seine Hand auf die Menschen legen und all die Völker vernichten."*

***

Panzer- und Luftschlachten, an denen sogar chinesische Armeen beteiligt sind, toben in Europa; grauenhafte Atomexplosionen erschüttern den Kontinent, und die verstörten Menschen des Abendlandes schlachten sich gegenseitig in Bürgerkriegen ab. Darüber hinaus wird offenbar eine chemische oder biologische Massenvernichtungswaffe eingesetzt, deren giftige Substanzen sich gleich einem *„gelben Strich"*, wie Irlmaier sagt, von der *„Goldenen Stadt"* (Prag) bis hinauf zur *„Stadt in der Bucht"* (vielleicht Stettin an der Ostsee) ziehen. Flugzeuge, die aus dem *„Sand"* (wohl einer Wüste im Nahen oder Mittleren Osten) aufsteigen, werfen den gelben Kampfstoff ab; dadurch werden die östlichen Heeresverbände, die nach Mittel- und Westeuropa vorgestoßen sind, von ihren Nachschubeinheiten abgeschnitten und auf diese Weise entscheidend geschwächt, so dass sie nach Norden fliehen müssen.

Nach den Worten der Propheten leidet das Abendland entsetzlich unter den Auswirkungen des Dritten Weltkrieges – und dasselbe gilt für andere Erdteile.

Berta Hacker: *„Auf dieser Landkarte waren fünf Länder eingezeichnet, deren Flächen alle grün waren. Dann sah ich plötzlich lauter kleine schwarze Tiere, ähnlich wie Läuse, in ganz dichten Massen. Diese Tierchen breiteten sich sehr schnell über die fünf Länder aus. Die grünen Flächen der Länder färbten sich daraufhin alle sandgelb; ganz so, als wenn*

86

sie sich in Wüsten verwandelt hätten. Wahrscheinlich handelte es sich bei den kleinen Krabbeltierchen in Wirklichkeit um Bakterien. Es könnten künstlich gezüchtete Bakterien sein, die als Kriegswaffe eingesetzt werden, um Menschen und Tiere mit Krankheiten zu infizieren; oder auch, um Pflanzen und Ernten zu schädigen und zu vernichten. Angesichts der Grenzlinien auf der Landkarte und der Form der Länder dürfte es sich um die Staaten der Golfregion gehandelt haben."

Anton Johansson: *„Russland wird einen Teil seines Territoriums an China verlieren. China führt auch gegen Indien Krieg und wird zuletzt weite Landstriche des Subkontinents kontrollieren. Vor allem die Region um Delhi leidet furchtbar; etwa 25 Millionen Menschen werden dort durch biologische Waffen getötet werden. Der Bakterienkrieg löst außerdem entsetzliche, bislang nicht bekannte Seuchen anderswo aus. – Persien und die Türkei werden von den Russen erobert; es geht bei diesem Krieg vor allem um die Ölvorkommen im Mittleren Osten. – Jenseits des Atlantiks kommt es zwischen den USA und Kanada zu einem militärischen Konflikt. Auslöser ist ein russischer Angriff auf Alaska und Kanada über die Beringstraße. Neue Waffen, wie kein Mensch sie je gesehen hat, richten in den USA fürchterliche Verheerungen an. Danach wüten die Menschenmassen der Vereinigten Staaten in zwei Bürgerkriegen gegeneinander. Die USA zerfallen in vier oder fünf einander feindlich gesonnene Territorien. – Während des Dritten Weltkrieges und auch später noch leiden Abermillionen Menschen unter bis dahin völlig unbekannten Krankheiten. Die Seuchen rufen unter anderem schreckliche Atemnot, Erblindung, Geisteskrankheiten und einen langsamen Zerfall des Körpers hervor. Jeder vierte Mensch auf dem Planeten hat nach dem Dritten Weltkrieg sein Leben verloren."*

Johannes von Jerusalem: *„Überall auf Erden liegen feindliche Völker im Krieg. Vernichtet werden die Städte der Erde."*

***

Weiter heißt es in einer ganzen Reihe von Schauungen, dass es im Zusammenhang mit der Globalkatastrophe zu schwersten Angriffen auf die christlichen Kirchen kommt und sowohl das Christentum als auch die anderen traditionellen Religionen untergehen.

Mühlhiasl: *„Die Pfarrer werden sich Hände und Gesichter anrußen, damit man sie nicht erkennt. Der Glauben wird so dünn, dass man ihn mit der Geißel abhauen kann."*

Alois Irlmaier: *„Im Stiefelland bricht eine Revolution aus. Ich glaube, es ist ein Religionskrieg, weil sie alle Geistlichen umbringen. Viele Kirchen stürzen ein. Ich sehe Priester mit weißen Haaren, die tot am Boden liegen. Hinter dem Papst ist ein blutiges Messer und tote Priester mit weißen Haaren. Der Papst flieht nach Südosten oder über das große Wasser."*

Berta Hacker: *„Auf einem Platz in Italien werden viele Priester zusammenkommen, und sie werden alle umgebracht; nicht einer von ihnen wird am Leben bleiben. Alle Religionen werden verschwinden."*

Bartholomäus Holzhauser: *„Eine blutige Lefze wird die Kirche betrüben; größte Drangsal und alle Art Verwirrung werden herrschen. Und siehe, ich erblickte eine lange Kette von Sprachen und Völkern und von Feinden des Kreuzes Jesu Christi. Und sie haben vielfach gesiegt; haben die festesten Städte erobert, Glück in ihren Unternehmungen gehabt und die Oberhand errungen."*

Sibylle von Prag: *„Gräber werden geschändet und Kirchen verbrannt. In jener Zeit, da der Weltuntergang naht, wird der letzte römische Papst so heißen wie der erste. Rom geht unter. Ehe dies aber geschieht, ist die Schar der Katholiken so klein geworden, dass sie im Schatten eines Birnbaumes Platz hat."*

Der Mönch von Wismar: *„Europa wird zu einer Zeit, wo der päpstliche Stuhl in Rom leer ist, von fürchterlichen Züchtigungen heimgesucht werden. Es zerstört die Klöster und vernichtet die heiligen Orden."*

Johannes von Jerusalem: *„In den Ruinen der heiligen Städte werden Heiden lagern. Heiden erdrosseln Christen."*

Merlin: „*Der religiöse Kult wird völlig vernichtet werden, und alle werden Zeugen des Unterganges der Kirchen werden.*"

***

Unmissverständlich stellen die Visionäre ferner klar, dass die Menschheit nicht nur durch die Schlachten des Dritten Weltkrieges, sondern zusätzlich noch durch eine globale Umweltkatastrophe mit schier apokalyptischen Folgen dezimiert wird.

Alois Irlmaier: „*Während oder am Ende des Krieges sehe ich am Himmel ein Zeichen. Während des Krieges kommt die große Finsternis, die zweiundsiebzig Stunden dauert. Dann bricht ein Hagelschlag aus mit Blitz und Donner, und ein Erdbeben schüttelt die Erde. Draußen geht der Staubtod um. Es sterben sehr viele Menschen. Die Flüsse werden so wenig Wasser haben, dass man leicht durchgehen kann. Das Vieh fällt um. Das Gras wird gelb und dürr. Die toten Menschen werden ganz gelb und schwarz. Nach der Katastrophe werden mehr Menschen tot sein als in den zwei Weltkriegen zusammen.*"

Der Waldhirte Prokop: „*Nachher ist der Himmel gelb wie eine Zitrone und ist so tief herunten. Kein Vogel singt; ich find' keinen Stier mehr und kein Wasser. Auf dem Berg ist keins mehr und drunten im Regen auch kein Tropfen mehr.*"

Berta Hacker: „*Die Eiskappen an den Polen werden abschmelzen, und dadurch wird der Meeresspiegel steigen. Aufgrund des Abschmelzens der Polkappen wird es fürchterliche Überschwemmungen geben. Die globalen Überflutungen werden katastrophale Ausmaße annehmen. Die Menschheit wird während der bevorstehenden Naturkatastrophen von entsetzlichem Leid und milliardenfachem Tod heimgesucht werden. – Es wird eine Hitze kommen, eine so große Hitze. Es wird so trocken und so heiß sein. Die Erde wird Sprünge und Risse bekommen; so große Sprünge und Risse, dass selbst Häuser darin verschwinden. – Durch die Gifte, die in der Luft liegen, wird ein Drittel der Menschen den Verstand verlieren, und ein weiteres Drittel der Menschen wird zugrunde gehen. –*"

An einem Sommertag wird eine Kälte kommen, eine große sibirische Kälte. Durch sie wird alles erfrieren, auf der ganzen Welt. – Am Himmel werden große und gewaltige Zeichen erscheinen. Die Sonne wird keinen Schein mehr geben. Der Mond wird als rote Scheibe am Himmel stehen. Die Sterne werden vom Himmel fallen. Eine dreitägige Finsternis wird die Erde heimsuchen."

Der Bauer aus Selb: *„Von Westen her wälzt sich rasend schnell eine braunviolette Wolkenwand, die von der Erde bis weit hoch in den Himmel reicht, wie ein Brecher über das Land. Es wird finster. Als es wieder hell wird, ist von Horizont zu Horizont die Gegend ein bis zwei Meter hoch verschüttet mit Geröll. – Die Sonne geht im Westen auf! Es ist wärmer geworden, circa 35 bis 40 Grad!*"

Bartholomäus Holzhauser: *„Nach diesem sah ich einen Sturmwind von Westen kommen. Die Gewässer, welche in der Donau waren, erhoben sich und traten aus. Dieselben stiegen in die Höhe, drangen in die Stadt ein und verwandelten sie fast in eine Wüste. Ich sah allenthalben auf Erden Menschen und Vieh töten.*"

Der Bauer aus dem Waldviertel: *„Da kommt es zum Platzen der Erdrinde. Der erste Auswurf wird bis hundert Kilometer oder weiter geschleudert. Die dabei ausgestoßenen Gase bewirken die Finsternis und die Atemkrämpfe der ungeschützten Lebewesen. Beim Platzen der Erdrinde kommt es zu einem Weltbeben, bei dem fast alles zerfällt, was zerfallen kann. Alle nachher noch lebenden Menschen stehen vor dem Nichts.*"

Der Blinde Hirte von Prag: *„Eine Sonne wird stürzen und die Erde beben. Die Menschen werden die Welt vernichten, und die Welt wird die Menschen vernichten. Die Wilde Jagd braust über die Erde. Die Totenvögel schreien am Himmel.*"

Sibylle von Prag: *„Den Schoß der Erde wird die Menschheit öffnen. Doch die Ernte wird Gift und Feuer sein. – Es werden heiße Jahre einfallen. Der Erdboden wird dürr und unfruchtbar werden. Und so, wie die Erde keine Frucht mehr gibt, wird auch der menschliche Mutterschoß unfruchtbar werden. – Vor dem Ende der Zeiten wird die Sonne im*

Westen aufgehen, am letzten Tag aber wird sie ganz schwarz sein. Verschwunden ist der Mond bereits am Tag zuvor. Darauf tritt eine große Schwüle ein, und die Erde wird zum glühenden Brand werden."

Der Mönch von Wismar: „Hungersnot, Seuche und Pest werden mehr Opfer fordern als der Krieg."

Anton Johansson: „Einige Monate vor dem russischen Überfall auf Skandinavien verwüstet ein entsetzlicher Orkan große Teile Nordeuropas. Auch in Italien kommt es zu schweren Naturkatastrophen, so dass Abermillionen Menschen obdachlos werden. – Einer dieser um den halben Globus rasenden Orkane tobt zweimal über die USA und erreicht anschließend Europa. Im Mittelmeerraum richtet er immense Verwüstungen an, ehe er sich in den Weiten Osteuropas verliert."

Johannes von Jerusalem: „Das Land wird geschändet sein und wird keine Früchte mehr tragen. Wie etwas Brennendes wird die Luft sein, wie Pesthauch werden die Gewässer stinken. Alles Leben beginnt zu verdorren, denn der Mensch hat die Fülle der Erde zerstört. Aus sattem Erdreich wird tote Wüste. Tief in den Gewässern öffnen sich Abgründe, die aufbrechen werden und alles Leben verschlingen gleich der Sintflut. – (Dann) wird Sol den Leib Terras verzehren. Nicht länger wird die Luft vor der Glut bewahren; die Luft wird nur noch ein durchlöcherter Schleier sein, und die tödliche Glut wird Haut und Augen verätzen. – Gleich einem brodelnden Kessel schäumt der Ozean gen Himmel. Das Meer verschlingt Städte und Ströme und überflutet riesige Teile der Erde."

Merlin: „Ein Blutregen wird fallen, und eine schreckliche Hungersnot wird die Menschheit heimsuchen. – Innerhalb eines Augenblicks werden die Meere sich erheben, und die Arena der Winde wird geöffnet werden. Die Winde werden gegeneinander kämpfen mit einem Getöse von böser Vorbedeutung, und ihr Toben wird widerhallen von einem Sternzeichen zum anderen."

***

Schließlich äußern sich verschiedene Propheten über den Zustand des Planeten und die Situation der überlebenden Menschen nach der Globalkatastrophe.

Andreas Stormberger: *„Die Leute werden vor dem Hunger und dem Sterben davonrennen. Sie werden in andere Länder laufen, die im Krieg entvölkert worden sind, und wo keiner mehr lebt."*

Mühlhiasl: *„Dann werden sie Steine zu Brot backen und Brennnesseln essen. Man wird sagen: Ich habe Graswurzeln gegessen."*

Sepp Wudy: *„Es wird dann wieder so sein wie vor hundert Jahren."*

Alois Irlmaier: *„Die landlosen Leute ziehen jetzt dahin, wo die Wüste entstanden ist."*

Der Bauer aus dem Waldviertel: *„Wir kamen in ein wahrscheinlich südlicheres Gebiet – es gab schon wieder Sträucher, aber kaum Gras. Wir bauten uns davon Hütten. Anschließend machte ich Jagd auf Essbares. Es waren vorwiegend Eidechsen oder ähnliche Tiere."*

Der Blinde Hirte von Prag: *„Wenn zum zweiten Mal die Kirschen reifen, werden die Vertriebenen aus Böhmen traurig wieder zu ihren Webstühlen und Feldern zurückkehren. Aber nur wenige werden es noch sein. – Die Bauern werden hinter dem Pflug mit der Peitsche knallen und sagen: Hier hat Prag gestanden."*

Sibylle von Prag: *„Prag, dein Schicksal hat sich erfüllt! Wo sind deine Häuser, stolze Stadt? Weshalb bespülen trübe Fluten die Gestade der öden Heide? Grausiges Gewürm lässt Leib und Geist erschauern. Unkraut und Sumpf, voll von giftigem Odem, beherrschen das Land."*

Johannes von Jerusalem: *„Diejenigen, die sich auf die Berge gerettet haben, bemühen sich, das Zerstörte neu zu errichten."*

Merlin: *„(Sie) werden abermals die Tage ihrer Vorfahren leben."*

Der Bauer aus Selb: *„Zwei bis drei Jahre nach der Katastrophe wird das Land wieder bewirtschaftet."*

Mühlhiasl: *„Nachher, wenn die Welt abgeräumt ist, kommt eine schöne Zeit."*

Der Blinde Hirte von Prag: *„Dann wird über die Welt ein neues Zeitalter kommen, das man das Goldene nennen wird."*

Alois Irlmaier: *„Frieden wird dann sein und eine gute Zeit. Durch die Klimaänderung wird bei uns wieder Wein angebaut. Es werden Südfrüchte bei uns wachsen. Es ist viel wärmer als jetzt."*

Sibylle von Prag: *„Dann wird die untergegangene (heidnische) Tillenstadt in ihrem früheren Glanz wieder aus dem Bergesdunkel emportauchen. – Nachher werden neue Religionen ersonnen. Die Geister der alten Welt kommen wieder zu Ehren. Dort, wo heute die Statue des heiligen Wenzel steht, wird ein hoher Turm einen neuen Tempel krönen. Prächtig wird dieser Tempel sein, aus Gold und Silber erbaut. – Die Menschheit wird froher sein und freier, sie wird aber auch um vieles bescheidener sein."*

Merlin: *„Ein Widder wird erscheinen; er trägt goldene Hörner und einen silbernen Bart. In den Tagen des Widders wird Frieden herrschen, und die Ernten werden wegen des Reichtums der Erde im Übermaß ausfallen. – Ein Riese, von schneeweißer Farbe und glanzvoll schimmernd, wird einen leuchtenden Menschen zeugen."*

Bartholomäus Holzhauser: *„Es wird eine große Kette gewunden werden zum Bande des Friedens. Eine große und wunderbare Kette, welche die ganze Welt und ihre Bewohner in Einheit umfassen wird."*

***

Zahlreiche Visionäre sagen also für die Zeit nach der Globalkatastrophe eine grundlegende geistige Neuorientierung und einen damit verbundenen positiven Aufschwung der Menschheit vorher. Zuvor allerdings wird die gegenwärtig existierende Zivilisation nach den Worten der Propheten in fürchterlichen Kataklysmen untergehen – und wie sich dieses Große Weltabräumen, wie es der Mühlhiasl bezeichnete, speziell auf Bayern auswirken wird, soll nun im folgenden Buchteil untersucht werden.

Dritter Buchteil

Die Auswirkungen der Globalkatastrophe auf Bayern

Wann und zu welcher Jahreszeit wird die „Apokalypse" über Bayern hereinbrechen?

Keiner der Visionäre nennt, was den Ausbruch des Dritten Weltkrieges angeht, eine präzise Jahreszahl. Es finden sich jedoch in einigen Prophezeiungszyklen Passagen, welche das Zeitgeschehen und die gesellschaftlichen Verhältnisse unmittelbar vor der Globalkatastrophe sehr deutlich charakterisieren.

Mühlhiasl: *„Wenn man Winter und Sommer nicht mehr auseinanderkennt* (Klimawandel), *und wenn die kurzen Sommer kommen, dann steht es nimmer lang an.* Wenn alles drunter und drüber geht (Globalisierung, Massenimmigration nach Europa und speziell Deutschland), *dann ist die Zeit da. Wenn sich die Bauern gewanden wie die Städter und die Städter wie die Narren, und wenn man Männlein und Weiblein zuletzt nicht mehr auseinanderkennt* (Gender-Wahn), *dann ist es nicht mehr weit hin. Einerlei Geld* (der Euro) *kommt auf. Gesetze werden gemacht, die niemand mehr achtet, und Recht wird nicht mehr Recht sein."* (Im letzten Satz erkennt man die gegenwärtige Politikverdrossenheit und den Unwillen breiter Bevölkerungsschichten über eine Justiz, die das Paragraphenrecht häufig über das natürliche Gerechtigkeitsempfinden stellt.)

Sepp Wudy: *„Der Anlass wird sein, dass die Leute den Teufel nicht mehr erkennen, weil er schön gekleidet ist und ihnen alles verspricht. – Ich verstehe auch die Leute nicht, dass sie gar keinen Herein haben. Und sie werden alleweil schlimmer und gottloser, so dass es so kommen muss."* (Die Menschen fallen auf die Verführungen der modernen Konsumgesellschaft herein; dann führen Werteverlust und Machbarkeitswahn zur Katastrophe.)

Sibylle von Prag: *„Es geht voran ein Glutjahr, danach kommt ein Flutjahr, und dann kommt das Blutjahr."* (Hitze- und Flutkatastrophen kündigen das Desaster an.)

Alois Irlmaier: „*Dem Krieg geht voraus ein fruchtbares Jahr mit viel Obst und Getreide.*" (Kommt es im Jahr vor dem Kriegsausbruch etwa in Böhmen zu einer Überschwemmungskatastrophe, während in Bayern eine reiche Ernte eingebracht wird?)

Sibylle von Prag: „*In jener Zeit, da der Weltuntergang naht, wird der letzte römische Papst so heißen wie der erste.*" (In den berühmten Papstprophezeiungen des irischen, im Mittelalter lebenden Bischofs Malachias finden sich über das Ende des Papsttums folgende Aussagen: „*Während der äußersten Verfolgung der Kirche wird Petrus der Römer auf dem Stuhl sitzen. Unter vielen Bedrängnissen wird er die Schafe weiden. An deren Ende wird die Siebenhügelstadt zerstört werden, und ein furchtbarer Richter wird das Kirchenvolk richten. Finis.*")

Mönch von Wismar: „*Europa wird zu einer Zeit, wo der päpstliche Stuhl in Rom leer ist, von fürchterlichen Züchtigungen heimgesucht werden.*" (Nach anderen Prophezeiungen wird der letzte Papst ermordet, und nach seiner Ermordung tobt der Dritte Weltkrieg.)

* * *

Die beiden Weissagungen, welche den Untergang der Papstkirche betreffen, klingen angesichts des gegenwärtigen desolaten Zustandes der katholischen Kirche ziemlich aktuell; es scheint fast so, als würden sie den Zeitpunkt der Globalkatastrophe in eine schon sehr nahe Zukunft legen.

Und eine etwas präzisere, aber auch rätselhafte zeitliche Aussage macht die Sibylle von Prag: „*In einem Jahr, in dem zwei Fünfen der Neunzehn gegenüberstehen, naht das Ende Prags.*" (Das könnte zum Beispiel der 5. 5. 2019 sein, ebenso der 19. 5. 2025 oder auch der 19. Tag eines Monats im Jahr 2055, wobei die letztgenannte Datumsangabe allerdings den oben angeführten Papstweissagungen in Bezug auf die Zeitstellung wohl widersprechen würde.)

Auch Alois Irlmaier nennt Zahlen: *„Ich sehe zwei Achter und einen Neuner. Was das bedeutet, weiß ich nicht; eine Zeit kann ich nicht sagen."* (In Frage kämen hier etwa der 8. 8. 2019, der 8. 8. 2029 usw.)

***

Präziser werden die Visionäre, wenn es im Zusammenhang mit dem Kriegsausbruch oder mit bestimmten Ereignissen der Globalkatastrophe um jahreszeitliche Angaben geht.

Der Bauer aus dem Waldviertel: *„Ein Konflikt auf dem Balkan und die Zerstörung New Yorks, das ist der Anfang der kriegerischen Auseinandersetzungen. Auf den Feldern bei uns sah ich zu der Zeit kaum Vegetation. Bei uns ist etwa frühsommerliches Wetter."* (New York würde demnach im Mai/Juni, womöglich aber auch schon an einem in Österreich besonders warmen Apriltag vernichtet werden.)

Bartholomäus Holzhauser: *„Sah ich am neunten Tag des Monats April einen Sturmwind von Westen kommen."* (Mit dem Westen könnte Amerika gemeint sein, wo der „Sturmwind" des Dritten Weltkrieges losbricht.)

Der Bauer aus Selb: *„Es ist ein Sommertag. Wir fahren nach Neukirchen b. Hl. Blut hinüber. Das Autoradio läuft – und dann kommt eine Durchsage, dass in Deutschland bereits mehrere Atomsprengsätze gezündet wurden."* (In Deutschland und Bayern würde der Krieg demnach im Sommer ausbrechen.)

Und nochmals der Bauer aus Selb: *„Wir haben etwa die zweite Oktoberwoche. Von Westen her wälzt sich rasend schnell eine braunviolette Wolkenwand, die von der Erde bis weit hoch in den Himmel reicht, wie ein Brecher über das Land."* (Ein katastrophales Ereignis, das Bayern im weiteren Verlauf des Dritten Weltkrieges heimsucht.)

Alois Irlmaier: *„Während oder am Ende des Krieges sehe ich am Himmel ein Zeichen. Finster wird es werden an einem Tag unterm Krieg. Welche Jahreszeit es ist? Trüb, regnerisch und Schnee durcheinander.*

Vielleicht Tauwetter. Auf den Bergen ist Schnee, gelb schaut es aus. Herunten ist es schneefrei." (Diese Aussage könnte mit der des Bauern aus Selb von der braunvioletten Wolkenwand korrespondieren, und sofern Irlmaier eine herbstliche Szenerie schildert, passen auch die jahreszeitlichen Angaben zusammen.)

Sibylle von Prag: *„Im Februar wird die Menschheit einen Schrei der Angst und des Schauerns ausstoßen.*" (Diese Vision bezieht sich auf den Untergang Prags.)

Der Blinde Hirte von Prag: *„Zur Kirschblüte wird Prag vernichtet werden.*" (Wenn die Kirschblüte, vielleicht infolge der globalen Erderwärmung, deutlich früher als gewöhnlich einsetzen würde, könnte sich die Aussage des Blinden Hirten durchaus auf den Februar, den die Sibylle nennt, beziehen.)

Welche Informationen geben die Visionäre über den Kriegsverlauf in Bayern?

Der Mühlhiasl macht, regional auf den Bayerwald und Niederbayern bezogen, gleich mehrere präzise Angaben:

„Von Osten her wird es kommen und im Westen aufhören. Dann geht es los wie das Donnerwetter in der Luft. Wenn ihr in der Frühe aufsteht und zum Fenster hinausschaut, schauen sie schon herein auf euch. Denn sie kommen wie der Dieb in der Nacht." (Offenbar erfolgt ein Überraschungsangriff von Tschechien her auf den Bayerischen Wald. Die Aggressoren sind jedoch, wie andere Prophezeiungen klarstellen, keine Tschechen, sondern Russen.)

„Die Rotjankerl werden auf den neuen Straßen herankommen. Aber über die Donau kommen sie nicht. Über den Hennenkobel und den Falkenstein werden sie kommen. Über die Brücke vom Schwarzen Regen werden Soldaten ziehen." (Die neuen Straßen sind sicherlich diejenigen, welche nach dem Fall des Eisernen Vorhanges ausgebaut wurden: Die Strecken Bayerisch Eisenstein-Zwiesel-Regen, ebenso weiter südlich Philippsreut-Freyung-Passau und im Norden Furth im Wald-Cham-Regensburg. Diese Straßen wären ideal für Panzerverbände; es scheinen aber über den Hennenkobel bei Zwiesel, den nordöstlich davon liegenden Falkenstein und den Schwarzen Regen auch Infanterietruppen vorzustoßen. Diese Angriffsverbände überschreiten jedoch die Donau nicht, sondern bleiben nördlich des Stromes, um dort wohl weiter nach Westen vorzudringen.)

„Dann wird der Teufel ohne Füße und Kopf über das Waldgebirge reiten. Er wird alle Farben haben und sein wie Glas." (Beschreibt der Mühlhiasl hier attackierende Flugzeuge, die über den Bayerischen Wald donnern?)

„Die Schwarzach-Mühle braucht kein Wasser mehr, weil so viel Blut daherschwimmt." (Der Bayerwaldfluss Schwarzach mündet zwischen Deggendorf und Straubing in die Donau. An seinen Ufern kommt es offenbar zu sehr grausamen Kämpfen.)

„Die letzte Schlacht wird sein vom Kalten Baum bis zum Schwarzen Wasser; dort, wo die Kirche verkehrt steht." (Der Kalte Baum ist eine sagenumwobene Linde bei der Burgruine Leuchtenberg unweit von Vohenstrauß in der nördlichen Oberpfalz. Für das Schwarze Wasser sind mehrere Deutungen möglich. Es könnte sich um den sehr alten Schwarzweiher bei Schwarzwihrberg nordwestlich von Rötz in der Oberpfalz handeln; ebenso um die Schwarznaab, wie die oberpfälzische Waldnaab früher bezeichnet wurde, und außerdem um die oben erwähnte niederbayerische Schwarzach. Am wahrscheinlichsten ist, dass der Mühlhiasl hier von einer letzten Schlacht in der Oberpfalz spricht, und in diesem Fall würden die Kämpfe zwischen Leuchtenberg und der Rötzer Gegend respektive zwischen Leuchtenberg und der weiter westlich fließenden Waldnaab stattfinden. – Was die Aussage von der verkehrt stehenden Kirche angeht, so könnte damit die Kirche St. Michael in Lauterhofen gemeint sein, deren Altar Anfang des 20. Jahrhunderts vom östlichen Kirchenschiff ins westliche verlegt wurde. Allerdings liegt Lauterhofen nicht in der oben beschriebenen Gegend, sondern ein Stück südwestlich davon zwischen Amberg und Neumarkt in der Oberpfalz. Doch interessant an diesem Ort mit der „verkehrt" stehenden Kirche ist wiederum die Tatsache, dass es nicht sonderlich weit westlich von Lauterhofen ebenfalls ein „Schwarzes Wasser" gibt: das Flüsschen Schwarzach, welches bei Postbauer-Heng entspringt und von dort nach Süden fließt. – Womöglich also wird sich das letzte Kriegsgeschehen in der Oberpfalz von Leuchtenberg/Vohenstrauß bis in die Region von Neumarkt hinüberziehen.)

„Die letzte Schlacht ist bei der Neuerner Trat." (Hier ist offenbar die Rede von letzten Kämpfen im grenznahen Böhmerwald, denn die Kleinstadt Neuern (Nýrsko) liegt nördlich des Bayerwaldberges Osser auf tschechischem Gebiet.)

„Der Fuhrmann haut mit der Geißel auf die Erde und sagt: Da hat die Straubinger Stadt gestanden." (Unmissverständlich drückt der Mühl-

hiasl durch diese Weissagung aus, dass Straubing, vermutlich durch Bombardierung, dem Erdboden gleichgemacht wird.)

Drei Prophezeiungen von Sepp Wudy lassen noch deutlicher werden, was im bayerisch-böhmischen Grenzgebirge geschehen wird: *„Der Böhmerwald wird einmal versengt werden wie ein Strohschübel. Es steht gegen Norden ein Schein, wie ihn noch niemand gesehen hat, und dann wird ringsum das Feuer aufgehen. Rennt nicht davon, wenn die grauen Vögel fliegen; woanders wird es noch schlechter sein."* (Unter dem Böhmerwald verstand man zu Sepp Wudys Zeiten noch das gesamte bayerisch-böhmische Waldgebirge. Und dessen Bewohner werden erleben, wie eine riesige, wohl durch Bombenabwürfe ausgelöste Feuersbrunst im Grenzland wütet. Die Fliegerbomben fallen offenbar zuerst im Norden des Waldgebirges; danach jagen die *„grauen Vögel"*, die feindlichen Kampfflugzeuge, weiter nach Süden. Und außerhalb des Bayerwaldes schlagen die Bomberverbände dann noch brutaler zu, wie Sepp Wudy abschließend warnt.)

Der Waldhirte Prokop: *„Einmal seh ich, wie der Wind das Feuer daherbringt, und alle Bäume brennen wie die Zündhölzl. Ein andermal seh ich, dass drunten alles verkommen ist. Kein Mensch ist mehr da und kein Haus. Bloß noch Mauertrümmer. Und alleweil wieder kommen Wolken, feuerrot. Und es blitzt, aber es donnert nicht."* (Prokop schildert hier zunächst die Feuersbrunst im bayerisch-böhmischen Grenzgebiet und ihre Folgen. Und in seinem letzten Satz drückt er aus, was er in weiter Ferne sieht: Blitze von explodierenden Bomben, wobei der Detonationsdonner aber nicht mehr bis zu ihm dringt.)

Äußerst detailliert beschreibt der Zellertaler Bauer, was in seiner heimatlichen Gegend zwischen Drachselsried, Bodenmais und Neukirchen b. Hl. Blut sowie in Teilen der Oberpfalz und Niederbayerns passiert:

„Wir sind gerade auf der Strecke hinunter nach Mais (bei Bodenmais), *als es plötzlich einen Lichtblitz gibt. Dann sehen wir, nur wenige hundert Meter von Mais entfernt, einen riesigen Feuerball. Kaum habe*

ich das Auto zum Stehen gebracht, wird es dunkel. Als es dann wieder hell wird, kann man recht gut hinunter nach Unterkaltenhof sehen. Die Häuser und Höfe sind zum Teil vollständig abgebrannt. Einige große, total verkohlte Tiere liegen herum. – Dann finde ich mich vor Neukirchen wieder. Das Dach des (dortigen) Wallfahrtsmuseums liegt neben den Häusern und ist völlig verbrannt. Eine Frau irrt zwischen den Trümmern umher. Ihr Gesicht ist ganz schwarz, Hautfetzen hängen ihr herunter, dann bricht sie zusammen. Von der Häuserzeile im Zentrum von Neukirchen steht nur noch ein Teil der Mauern. Kirchturm sehe ich keinen mehr. Entweder ist er nicht mehr da, oder ich kann ihn nicht sehen, weil alles voll bräunlichem Rauch ist. – Ich weiß, dass die Bombe am Boden einschlägt, weil der Feuerball direkt am Boden entsteht. Der Einschlagsort ist einen Kilometer östlich der Talstation des Liftes am Hohen Bogen. – In der Nacht werden noch Atombomben gezündet, und es sind ständig Erschütterungen zu spüren. Die Atombomben explodieren unter anderem in Richtung Viechtach/Straubing und Kötzting/Regensburg. – Mit Sicherheit kann ich nur sagen, dass es in ungefähr nordwestlicher Richtung, vielleicht bei Kötzting, sehr oft gerumst hat. Ich weiß aber nicht, wie weit das weg war. Das kann auch bei Schwandorf oder Weiden gewesen sein, vielleicht sogar noch weiter weg. Nur die Richtung kann ich angeben; es war Nordwesten. Aus den anderen Himmelsrichtungen war weniger zu hören. Überall, wo es gerumst hat, sind Truppenübungsplätze; beispielsweise Roding, Schwandorf, Grafenwöhr oder Bogen bei Straubing." (Den Schilderungen über die schrecklichen Auswirkungen der Bombenabwürfe bei Bodenmais, Neukirchen b. Hl. Blut und am Hohen Bogen ist eigentlich nichts hinzuzufügen. Es soll nur festgehalten werden, dass dort offenbar noch konventionelle Fliegerbomben explodieren – doch anschließend, in der Nacht, kommt es dann zu Atomschlägen. Und die Angriffsziele sind Bundeswehrstandorte in der Oberpfalz und Niederbayern, darunter Straubing und Regensburg.)

Dazu Bartholomäus Holzhauser: „Die Gewässer, welche in der Donau waren, erhoben sich und traten aus. Dieselben stiegen in die

Höhe, drangen in die Stadt ein und verwandelten sie fast in eine Wüste."
(Beschreibt der Visionär hier die Folgen eines Atombombenabwurfs
an der Donau nahe einer großen Stadt wie etwa Regensburg oder
Straubing?)

Und der Bauer aus Selb: *„Es wird finster. Als es wieder hell wird, ist
von Horizont zu Horizont die Gegend ein bis zwei Meter hoch verschüttet
mit Geröll. Mein Dorf ist weg, als ob da nie eines gestanden hätte. Die
Horizontlinie der Berge von Tschechien hat sich jedoch nicht verändert.
Im Fichtelgebirge sieht es aus wie in der Sahara: keinerlei Vegetation,
kein Anzeichen von Leben, feiner Sand, Dünen. Am Bergfuß ragen aus
dem Sand drei bis vier Meter hohe Baumstümpfe, die schwarz und verkohlt aussehen. Man sieht keinerlei Ruinen.*" (Auch hier scheint es sich
um die Auswirkungen eines Atomschlages zu handeln.)

Zur Identität der Aggressoren sagt wiederum der Bauer aus dem
Zellertal im Rahmen einer Schilderung eines Panzer- und Infanterie-
angriffs auf seinen Heimatort Drachselsried: *„Das Gesicht von einem
(feindlichen Soldaten) konnte ich sehen. Das war mit Sicherheit ein
Russe oder ein Osteuropäer.*"

Danach nennt der Bauer aus Selb nochmals einige Orte im Bayerischen Wald, wo die Bewohner mörderische Übergriffe der Russen
oder Osteuropäer (bei denen es sich womöglich aber auch um islamische Tschetschenen aus dem Kaukasus handeln könnte) befürch-
ten müssen: *„Am Morgen rennen Soldaten, von Oberried kommend,
durch Unterrehberg nach Drachselsried. Sie dringen in die Häuser ein,
Schüsse sind zu hören. Auf der Umgehungsstraße unten wälzen sich
Militärfahrzeuge in Richtung Arnbruck. Viechtach wird es schlimm
erwischen. Von Schlatzendorf her wird es überfallen.*"

Von etwas anderer Warte aus erschaut der oberbayerische Visionär
Alois Irlmaier das Kriegsgeschehen, doch zunächst richtet er den
Blick ebenfalls auf den Bayerwald und andere Teile des niederbaye-
risch-oberpfälzischen Raumes:

*„Ganz schwarz kommt eine Heersäule von Osten, ganz schwarz
kommt es über den Wald herein. Von Sonnenaufgang kommt der Krieg,*

und es geht sehr schnell. Die Bauern sitzen beim Kartenspielen im Wirtshaus. Da schauen die fremden Soldaten bei den Fenstern und Türen herein. – Aufs Hauptquartier schmeißen sie was runter. Nahe beim Hauptquartier sehe ich eine Kirche. Der Altar schaut nicht nach Osten, sondern nach Norden. Die Kirche sehe ich brennen. – Bis Regensburg steht keine Brücke mehr über die Donau. In die Gegend südlich vom blauen Wasser kommen sie nicht. – Die Stadt Landau/Isar leidet schwer durch eine verirrte Bombe oder Rakete.“ (Auch Irlmaier sieht also den Überraschungsangriff von Böhmen her auf den Bayerischen Wald. Mit dem Hauptquartier ist sicherlich eine Kommandozentrale der Bundeswehr gemeint, und was die Kirche in deren Nähe betrifft, könnte es sich vielleicht um die Pfarrkirche in der Garnisonsstadt Freyung handeln. Denn deren Altar schaut in die „falsche“ Richtung; allerdings nicht nach Norden, wie Irlmaier angibt, sondern nach Westen. Die Donaubrücken zwischen Passau und Regensburg werden wohl von der Bundeswehr gesprengt, um die Aggressoren am Überschreiten des Stromes zu hindern – die Feinde jedoch greifen auch das Gebiet südlich der Donau mit Bomben oder Raketen an, und eine dieser Massenvernichtungswaffen trifft die Stadt Landau an der Isar.)

Hinsichtlich des überregionalen Kriegsgeschehens sagt Irlmaier weiter: *„Es geht in drei großen Linien westwärts. Drei Heersäulen streben zum Rhein. Der erste Wurm geht vom blauen Wasser nordwestlich bis an die Schweizer Grenze. Der zweite Stoßkeil geht von Sachsen aus direkt nach Westen. Der dritte von Nordosten nach Südwesten.“* (Die beiden erstgenannten feindlichen Heersäulen sind für Bayern nicht relevant, möglicherweise aber die dritte. Denn ein Angriff von Nordosten (östliches Böhmen) nach Südwesten, der über den Raum Krems im nördlichen Österreich kommen könnte, wo nach Aussagen des Bauern aus dem Waldviertel russische Truppen – oder moslemische Kampfverbände aus der russischen Kaukasus-Region? – einfallen, wäre unter Umständen später auch für Teile Ost- und Südbayerns gefährlich. Betroffen wären dann wohl die Innregion und das südost- und südbayerische Voralpenland, sofern die Aggressoren entlang des Inns bis zum Gebirge vorstoßen und dann nach Westen umschwenken würden, um auf dieser Vormarschroute den Rhein zu erreichen.)

Schließlich gibt es von Alois Irlmaier noch Prophezeiungen über eine „apokalyptische" Katastrophe im Verlauf des Dritten Weltkrieges, die auch Bayern heimsucht: *„Während oder am Ende des Krieges sehe ich am Himmel ein Zeichen. Finster wird es werden an einem Tag unterm Krieg. Während des Krieges kommt die große Finsternis, die zweiundsiebzig Stunden dauert. Dann bricht ein Hagelschlag aus mit Blitz und Donner, und ein Erdbeben schüttelt die Erde. Draußen geht der Staubtod um. Es sterben sehr viele Menschen. Die Flüsse werden so wenig Wasser haben, dass man leicht durchgehen kann. Das Vieh fällt um. Das Gras wird gelb und dürr. Die toten Menschen werden ganz gelb und schwarz. Der Wind treibt die Todeswolken nach Osten ab."*

Erklärungen für die dreitägige Finsternis, das Erdbeben, das Versiegen der Flüsse und das Massensterben von Mensch und Tier finden sich bei Berta Hacker und beim Bauern aus dem Waldviertel.

Berta Hacker: *„Am Nachthimmel, weit weg am Horizont, konnte ich eine riesige, rot leuchtende Kugel oder Scheibe sehen. Sie stieg langsam höher, und dabei löste sich das Rot von der Scheibe; so, als wenn ein Tuch weggezogen würde. Und dann war die Scheibe weiß und strahlte viel Licht aus. Bei einer späteren Gelegenheit sagte mir die Madonna, dass Tschechien, Bayern und Österreich atomar verseucht werden würden, wenn man die gefährlichen Kraftwerke weiter betreibe – und die Reaktoren würden schon bald bersten."* (Die Visionärin beschreibt zunächst wohl eine gigantische nukleare Explosion, die sie aus der Ferne beobachtet, und dann bezeichnet sie den geographischen Raum, der von einem GAU verschiedener Atomkraftwerke betroffen ist.)

Der Bauer aus dem Waldviertel spricht vom Platzen der Erdrinde infolge von Nuklearexplosionen im Westen Tschechiens: *„Der erste Auswurf wird bis hundert Kilometer oder weiter geschleudert. Die dabei ausgestoßenen Gase bewirken die Finsternis und die Atemkrämpfe der ungeschützten Lebewesen. Beim Platzen der Erdrinde kommt es zu ei-*

nem Weltbeben, bei dem fast alles zerfällt, was zerfallen kann.* (Der mehrfache atomare GAU, den sowohl Berta Hacker als auch der Bauer aus dem Waldviertel vorhersagen, löst also eine Naturkatastrophe allergrößten Ausmaßes aus, die ihren Anfang nicht sonderlich weit von Bayern entfernt in Westböhmen – vielleicht in Temelin – nimmt und sodann den ganzen Globus erschüttert.)

Und eine weitere Prophezeiung Berta Hackers über die Auswirkungen der gleichermaßen nuklearen und geologischen Katastrophe deckt sich mit den Angaben Irlmaiers und des Bauern aus dem Waldviertel.

„Am Himmel werden große und gewaltige Zeichen erscheinen. Die Sonne wird keinen Schein mehr geben. Der Mond wird als rote Scheibe am Himmel stehen. Die Sterne werden vom Himmel fallen. Eine dreitägige Finsternis wird die Erde heimsuchen." (Diese zweiundsiebzigstündige Finsternis wird vermutlich durch eine verheerende Verschmutzung der Atmosphäre hervorgerufen; ein dichter, mit Giftstoffen verseuchter Staub- und Rauchschleier legt sich über den Globus. Sonne und Mond sind durch den dunklen Schleier verhüllt, und die Aussage, dass die Sterne vom Himmel fallen, könnte bedeuten: Die Fixsterne nehmen jäh andere Plätze am Firmament ein, weil aufgrund der Kataklysmen auf der Erde deren Achse kippt – also ein sogenannter Polsprung erfolgt, so dass Nord- und Südpol nicht mehr auf ihren gegenwärtigen Positionen liegen, sondern quasi verrutscht sind.)

Das Grauen des Dritten Weltkrieges kulminiert in einer planetaren Katastrophe, und von einem derartigen Desaster wäre natürlich auch Bayern in seiner Gesamtheit betroffen. Die Bewohner des Landes, die zuvor schon Bombardierungen, Raketenbeschuss, Panzer- und Infanterieangriffe sowie Truppendurchmärsche ertragen mussten, wären nun auch noch gezwungen, sich so gut wie möglich vor dem giftigen Fallout aus der verseuchten Atmosphäre zu schützen – und verschiedene Visionäre geben wertvolle Hinweise, wie das geschehen kann.

Was raten die Propheten für die Zeit der dreitägigen Finsternis?

Die präzisesten Anweisungen gibt Alois Irlmaier: *„Geht nicht hinaus aus dem Haus! Wer den Staub einatmet, kriegt einen Krampf und stirbt. Macht die Fenster nicht auf! Hängt sie mit schwarzem Papier zu! Draußen geht der Staubtod um. Es sterben sehr viele Menschen. Noch einmal sage ich es: Geht nicht hinaus! Schaut nicht zum Fenster hinaus! Lasst die Kerze oder den Wachsstock brennen. Die Lichter brennen nicht, außer Kerzenlicht. Der Strom hört auf. – Alle offenen Wasser werden giftig. Und alle offenen Speisen, die nicht in verschlossenen Dosen sind. Esst auch keine Speise in Gläsern, die halten es nicht ab! Kauft ein paar verlötete Blechdosen mit Reis und Hülsenfrüchten. Brot und Mehl hält sich. Feuchtes verdirbt, außer in blechernen Konservendosen. Wasser aus der Leitung ist genießbar, nicht aber Milch."* (Im Prinzip sagt Irlmaier also, dass weder Menschen noch Lebensmittel mit der verseuchten Luft in Berührung kommen dürfen.)

Sepp Wudy äußert sich ähnlich: *„Du hast das Essen vor dir und darfst es nicht essen, weil es dein Tod ist. Und du hast das Wasser im Grandl und darfst es nicht trinken, weil es auch dein Tod ist. Aus dem Osser kommt noch eine Quelle, da kannst du trinken. – Die Luft frisst sich in die Haut wie ein Gift. Leg alles an, was du an Gewand hast, und lass nicht das Nasenspitzl herausschauen. Setz dich in ein Loch und warte, bis alles vorbei ist; lange dauert's nicht. Oder such dir eine Höhle am Berg. – Wenn dir die Haare ausfallen, hat es dich erwischt. Nimm ein Kronwittbirl (Wacholderbeere) in den Mund, das hilft. Und sauf keine Milch, acht Wochen lang. – Wenn kein Uhmanndl mehr schreit und die Hasen zum Haus kommen und umfallen, dann geh weg vom Wasser und mähe kein Gras."*

Berta Hacker: *„An einem Sommertag wird eine Kälte kommen, eine große sibirische Kälte. Durch sie wird alles erfrieren, auf der ganzen Welt. Dadurch wird eine Hungersnot kommen auf der ganzen Welt. Richtet euch Brennmaterial her, Holz und Kohle, damit ihr nicht er-*

friert. Richtet euch zum Trinken klares Quellwasser in Plastikkanistern her. Richtet euch in Blechdosen Speisen her, aber nur in Blechdosen. Richtet euch die Grundnahrungsmittel her und vergrabt sie im Garten, wo sie niemand findet, damit ihr überleben könnt." (Die sibirische Kälte ist eine Folge der dreitägigen globalen Finsternis, denn die staub- und rauchgeschwängerte Atmosphäre verhindert die Sonneneinstrahlung.)

Der Bauer aus dem Waldviertel: „*Ich war mit einigen Leuten in einem aus Holz erbauten Erdbunker. Es handelt sich um denjenigen, den wir in größter Eile bereits vor Kriegsbeginn errichteten. – Danach verbrachten wir eine lange Zeit im Erdbunker. Es war fast nichts wahrzunehmen. Wir besprachen, wie dringend wir draußen benötigt würden. Wir blieben aber drinnen. – Gekühlte Lebensmittel verderben wegen der Unterbrechung der Kühlung, Dosengläser halten nicht durch.*" (Der österreichische Visionär erteilt einen zusätzlichen wertvollen Rat. Er und seine Gefährten können in einem aus Holzbalken gezimmerten Bunker unter der Erdoberfläche überleben. Es ist aber wichtig, den Erdbunker während der gefährlichen Zeit auf keinen Fall zu verlassen. – Ansonsten warnt der Bauer ganz wie die übrigen Propheten davor, bestimmte Nahrungsmittel zu verzehren.)

Welche Regionen und Orte in Bayern bieten während des Krieges relative Sicherheit?

Insbesondere der giftige Fallout, der sich nach den Explosionen mitteleuropäischer Atomkraftwerke und dem Platzen der Erdrinde in Westböhmen über die Erde legt, wird die bayerischen Landstriche fürchterlich heimsuchen, so dass vermutlich mehrere Millionen Tote zu beklagen sein werden. Doch ungeachtet dessen gibt es Gegenden, denen das Schlimmste erspart bleiben wird, und die Visionäre machen dazu teilweise sehr genaue Angaben.

Andreas Stormberger: *„Ein Streifen neben dem Böhmerwald wird bleiben, wo man den größten Sturm mit drei Laib Brot überleben kann, wenn man noch Brot hat."* (Mit dem Böhmerwald meinte der Stormberger nach dem Sprachgebrauch seiner Zeit, des 18. Jahrhunderts, das ganze bayerisch-böhmische Waldgebirge. Unter dem Streifen neben dem Böhmerwald verstand er wohl die niedrigeren Ausläufer des Mittelgebirges, die es freilich sowohl auf bayerischer als auch auf böhmischer Seite gibt. Aber wenn man annimmt, dass er als bayerischer Mensch den Blick nach Bayern richtete, dann lässt sich der bewusste Streifen als der Vorwald in Richtung Donau definieren. Diese Bayerwaldausläufer erstrecken sich nördlich des Donautals von Passau bis Regensburg, und dort, so scheint es, zieht die Kriegsfurie rasch vorüber, so dass es genügt, wenn man sich mit Nahrung für ein paar Tage an einem abgelegenen Ort versteckt. – Andreas Stormberger fügt dann allerdings hinzu: *„Wer am Donaustrom noch eine Kuh findet, der soll ihr eine silberne Glocke umhängen"*, und das bedeutet zweifellos, dass im Donautal kaum ein Tier und damit auch kaum ein Mensch überlebt, weshalb man das Stromtal auf dem Höhepunkt des Krieges meiden sollte.)

Sepp Wudy: *„Rennt nicht davon, wenn die grauen Vögel fliegen; woanders wird es noch schlechter sein."* (Dieser Satz bestätigt in gewisser Weise die Aussagen von Andreas Stormberger. Im grenznahen Frischwinkel des heute tschechischen Böhmerwaldes und damit im

Inneren des Waldgebirges, wo Sepp Wudy lebte, wird es nicht so schlimm kommen wie anderswo; beispielsweise an der Donau.)

Weiter erklärt Sepp Wudy: *„Aus dem Osser kommt noch eine Quelle, da kannst du trinken."* Und: *„Bauer, sag es deinen Kindern: Sie sollen dem Berg zu rennen, wenn es kracht."* (Der Osser nordwestlich von Bayerisch Eisenstein scheint also aus irgendeinem Grund nicht oder zumindest nicht völlig vom Fallout verseucht zu werden – und außerdem empfiehlt Sepp Wudy diesen Berg als Zufluchtsort, wenn die Aggressoren die tschechisch-bayerische Grenze überschreiten.)

Sehr exakte Hinweise gibt der Mühlhiasl: *„Die Leute vom Forellenwasser, die sich am Fuchsenriegel und am Falkenstein verstecken, werden gut überdauern. Versteckt euch in den Wäldern im Perlbachtal und beim Buchberg, auf der Käsplatte bei Englmar und im Bergwerk zu Bodenmais; im Gäu draußen in den Kornmanndeln."* (Unter dem Forellenwasser verstand man früher den Flusslauf des Kleinen Regen östlich von Zwiesel. Der Fuchsenriegel, ein großer Felsgrat, liegt im Nordwesten von Zwiesel nördlich des Ortes Innenried. Der 1312 Meter hohe Falkenstein erhebt sich nahe der tschechischen Grenze bei Bayerisch Eisenstein, und das Perlbachtal findet sich im Raum Viechtach. Die Käsplatte liegt südwestlich von Viechtach, und mit dem Bergwerk zu Bodenmais ist das heute aufgelassene, aber noch zugängliche Silberbergwerk ein wenig außerhalb des Ortes gemeint. Nicht ganz klar ist der Buchberg, denn dieser Flurname kommt häufig im Bayerwald vor; ein guter Zufluchtsort wäre jedoch die Felsklamm der Buchberger Leite unterhalb des Dorfes Buchberg bei Ringelai/Freyung. Was schließlich die Kornmanndel im Gäu zwischen Deggendorf und Regensburg angeht, so ist diese Aussage des Mühlhiasl etwas zwiespältig. Denn einerseits sagt er an anderer Stelle ähnlich wie Andreas Stormberger, wenn man an der Donau und im Gäuboden noch eine lebende Kuh finde, müsse man ihr eine silberne Glocke anhängen, und einem überlebenden Ross müsse man ein goldenes Hufeisen aufschlagen; andererseits empfiehlt er, sich beim Angriff der Östlichen in den Getreideschobern des Donaugäus zu verstecken. Aber das Rätsel löst sich vielleicht, wenn man bedenkt, dass der Gäuboden sehr breit und langgestreckt ist und deshalb nicht überall von der Kriegsfurie heimgesucht werden muss – und außerdem könnten die dicht gepackten Strohschichten der Getreideschober eventuell Schutz vor dem giftigen Fallout bieten.)

Zusätzlich sagt der Mühlhiasl: *„Die wenigen, die übrigbleiben, werden sich schutzsuchend aus der ganzen Umgebung innerhalb der Windberger Klostermauer sammeln."* (Die uralte, auf die Stammburg der Grafen von Bogen zurückgehende Klosteranlage von Windberg im Vorwald bei Hunderdorf bleibt demnach unzerstört und kann nach dem Ende des Kriegsgeschehens im niederbayerischen Donauraum als Zufluchtsort genutzt werden.)

Ein letzter Hinweis des Mühlhiasl lautet schließlich: *„Im Wald drinnen krähen noch Gickerl."* (Damit drückt der Seher aus, dass es im Bayerwald nach der Katastrophe durchaus noch tierisches Leben gibt – weshalb dort auch eine gewisse Existenzgrundlage für davongekommene Menschen vorhanden ist.)

Alois Irlmaier äußert sich zunächst ebenfalls über den Donauraum: *„In die Gegend südlich vom blauen Wasser kommen sie nicht."* (Die Aggressoren stoßen also nicht in jene niederbayerischen, oberbayerischen und schwäbischen Regionen vor, die im Süden der Donau liegen, und dies bedeutet, dass in etwa das niederbayerische Hügelland, die Hallertau, das Donaumoos südlich von Ingolstadt und Neuburg sowie das schwäbische Donauried relativ sicher sein dürften.)

Sehr präzise Angaben macht Irlmaier über Teile von Oberbayern: *„Denen, die in den Bergen zwischen Watzmann und Wendelstein wohnen, passiert nichts; die brauchen keine Angst zu haben. Auch die Menschen im „Saurüssel" brauchen nichts zu fürchten."* (Unter dem „Saurüssel" versteht man den Landstrich zwischen Inn und Salzach im äußersten Südosten Bayerns, in welchem unter anderem die Städte Altötting, Burghausen, Tittmoning, Trostberg, Traunstein, Freilassing und Bad Reichenhall liegen.)

Was das Schicksal der bayerischen Landeshauptstadt betrifft, prophezeit Irlmaier: „*Genausowenig müssen die Münchner Angst haben, denn bei denen wird's zwar unruhig sein, aber passieren wird ihnen nicht viel. Nach zweiundsiebzig Stunden ist alles wieder vorbei.*" (Mit den zweiundsiebzig Stunden spricht der Visionär die dreitägige Finsternis an; sie scheint die einzige wirklich gefährliche Heimsuchung zu sein, welche die Menschen in München zu ertragen haben.)

Beim Blinden Hirten von Prag heißt es: „*Deutschland wird ein großer Trümmerhaufen sein, und nur die Gebiete der blauen Steine werden verschont bleiben.*" (Der spätmittelalterliche Visionär lebte im Böhmerwald, von dessen hohen Bergen aus man bei günstigem Wetter die Alpenkette im Süden als bläuliche, felsig erscheinende Silhouette erkennen kann. Mit dem Gebiet der blauen Steine meint der Prophet also gewiss die bayerischen und vielleicht auch Teile der österreichischen Alpen – und in dieser Gebirgsregion wird es nach seinen Worten keine Kriegshandlungen geben.)

Bei der Sibylle von Prag schließlich findet sich ein indirekter Hinweis auf einen bestimmten Berg, der Schutz bietet: „*Dann wird die untergegangene Tillenstadt in ihrem früheren Glanz wieder aus dem Bergesdunkel emportauchen.*" (Wie wir bereits wissen, soll sich die wahrscheinlich keltische „Tillenstadt" auf dem Tillenberg bei Neualbenreuth in der nördlichen Oberpfalz erhoben haben. Und wenn sie dort wiedererstehen wird, dann kann das nur heißen, dass der Tillenberg während des Dritten Weltkrieges unversehrt bleibt und auch nicht gravierend vom giftigen Fallout verseucht wird. Vielmehr ist der Tillenberg gut geeignet für eine Neubesiedelung, und alles zusammengenommen bedeutet: Der bewusste oberpfälzische Berg kann in der Katastrophenzeit als Zufluchtsort dienen.)

Welche Folgen wird die Globalkatastrophe in ökologischer und medizinischer Hinsicht haben?

Nach dem Dritten Weltkrieg werden die Landschaften Bayerns und Mitteleuropas, die uns heute vertraut sind, nicht mehr wiederzuerkennen sein – und die Visionäre machen auch dazu sehr griffige Angaben.

Alois Irlmaier: *„Die Flüsse werden so wenig Wasser haben, dass man leicht durchgehen kann."*

Der Waldhirte Prokop: *„Kein Vogel singt; ich find' keinen Stier mehr und kein Wasser. Auf dem Berg ist keins mehr und drunten im Regen auch kein Tropfen mehr."*

Berta Hacker: *„Um das Kreuz und um die Kluft herum war, außer den Bäumen, nur gelber Sandboden. Das war ein Anblick, als wäre alles verwüstet. – Wo sonst hohe Fichten und dazwischen einige Laubbäume standen, sah ich jetzt eine weite, verwahrloste Landschaft mit vielen Büschen und wenigen Bäumen. – Die Erde wird Sprünge und Risse bekommen; so große Sprünge und Risse, dass selbst Häuser darin verschwinden."*

Der Bauer aus dem Waldviertel: *„Später ging ich mühevoll in Richtung SSW. Die Orientierung fiel mir schwer; es gab kein Haus, keinen Baum, weder einen Strauch oder Halm. Alles war mit Trümmern und Felsbrocken übersät."*

Der Bauer aus Selb: *„Die Sonne geht im Westen auf! Es ist wärmer geworden, circa 35 bis 40 Grad!"*

Sibylle von Prag: *„Vor dem Ende der Zeiten wird die Sonne im Westen aufgehen. – Darauf tritt eine große Schwüle ein, und die Erde wird zum glühenden Brand werden. – Grausiges Gewürm lässt Leib und Geist erschauern. Unkraut und Sumpf, voll von giftigem Odem, beherrschen das Land."*

***

Dies sind entsetzliche Bilder – und nicht weniger schrecklich ist das, was die Propheten über die Leiden oder das Sterben von Mensch und Tier infolge der ökologischen Katastrophe und der nuklearen, chemischen und biologischen Verseuchung der Erde zu sagen haben.

Alois Irlmaier: *„Die Flieger werfen ihre kleinen, schwarzen Kästchen ab. Sie explodieren, bevor sie den Boden berühren. Ein Jahr lang darf kein Lebewesen dieses Gebiet mehr betreten, ohne sich größter Lebensgefahr auszusetzen. – Das Vieh fällt um. Das Gras wird gelb und dürr. Die toten Menschen werden ganz gelb und schwarz.“*

Berta Hacker: *„Durch die Gifte, die in der Luft liegen, wird ein Drittel der Menschen den Verstand verlieren, und ein weiteres Drittel der Menschen wird zugrunde gehen. – Die Ärzte werden viel Arbeit bekommen. Es werden verschiedene Krankheiten auftauchen, die von den Ärzten nicht mehr erkannt und geheilt werden können.“*

Der Mönch von Wismar: *„Hungersnot, Seuche und Pest werden mehr Opfer fordern als der Krieg.“*

Merlin: *„Eine schreckliche Hungersnot wird die Menschheit heimsuchen.“*

Anton Johansson: *„Während des Dritten Weltkrieges und auch später noch leiden Abermillionen Menschen unter bis dahin völlig unbekannten Krankheiten. Die Seuchen rufen unter anderem schreckliche Atemnot, Erblindung, Geisteskrankheiten und einen langsamen Zerfall des Körpers hervor. Jeder vierte Mensch auf dem Planeten hat nach dem Dritten Weltkrieg sein Leben verloren.“*

Alois Irlmaier spricht hier bestimmt von Bayern; die Aussagen der anderen Visionäre sind auf die gesamte Menschheit bezogen, doch es kann kein Zweifel daran bestehen, dass diese allgemeinen Angaben mehr oder weniger auch für Bayern gelten. Und dies könnte genauso für eine furchteinflößende Weissagung Merlins zutreffen, welche der Druide für Britannien machte – und die sich hierzulande womöglich ebenfalls bewahrheiten wird.

Merlin prophezeit, dass verschiedene Quellströme aus der Erde brechen werden, und sagt dann über einen dieser Wasserläufe: *„Wer* *aus dem dritten Fluss trinkt, wird eines plötzlichen Todes sterben, und es wird unmöglich sein, seinen Körper zu beerdigen. In ihren Bemühungen, das unersättliche Umsichgreifen solcher Todesfälle zu vermeiden, werden die Menschen alles versuchen, die Kadaver mit Schichten aus verschiedenem Material zu bedecken. Aber welche Materie auch immer obenauf gepackt wird, sie verändert sich sofort zu einer anderen Substanz. Sobald sie dort hingebracht wird, wird Erde sich zu Stein umbilden, Steine werden sich verflüssigen, Holz wird zu Asche werden, und Asche wird sich in Wasser verwandeln.“*

Der Druide spricht hier also nicht nur von jähen, rätselhaften Todesfällen infolge des Aufquellens eines gefährlichen Wasserstromes, sondern auch von schauerlichen Materieumwandlungen. Und unwillkürlich assoziiert man bei der beklemmenden Schilderung Merlins bislang unbekannte Naturphänomene, vielleicht Mutationen, welche die Überlebenden der Globalkatastrophe – auch in Bayern – töten oder zumindest verstören und peinigen könnten.

Wie werden die Reste der bayerischen Bevölkerung einen Neuanfang versuchen?

Dass die Menschen in Bayern (und anderswo) nach dem Dritten Weltkrieg zunächst einmal vor dem Nichts stehen, ist klar. Die alte Zivilisation ist völlig zusammengebrochen; äußerste Not herrscht, und die einzige Chance für die Davongekommenen besteht in einer totalen Neuorientierung auf allen Gebieten des Daseins: einer grundlegenden Neuausrichtung des Denkens und Handelns, die es den Überlebenden ermöglicht, sich ihrer fundamental veränderten Daseinssituation anzupassen.

Im religiösen Bereich scheint dieses Umdenken bereits während des Krieges einzusetzen, denn das Christentum wird offenbar plötzlich als etwas zutiefst Feindliches angesehen. Alois Irlmaier spricht von brutalsten Priesterverfolgungen in Italien und prophezeit eine Flucht des letzten Papstes; ganz ähnlich äußert sich die tiefreligiöse Visionärin Berta Hacker. Die Sibylle von Prag kündigt wohl mit Blick auf Böhmen an, dass die Schar der Katholiken so klein werde, dass sie im Schatten eines Birnbaumes Platz habe – und der Mühlhiasl sagt, auf Bayern bezogen: „Die Pfarrer werden sich Hände und Gesichter anrußen, damit man sie nicht erkennt. Der Glauben wird so dünn, dass man ihn mit der Geißel abhauen kann."

Auch im traditionell sehr christlichen Bayern wird man sich also hasserfüllt von den Kirchen und ihren Repräsentanten abwenden. Die Priester werden gejagt und möglicherweise sogar getötet; angesichts dessen stellt sich natürlich die Frage, warum es zu derartigen Verfolgungen kommt – und eine mögliche Antwort lautet: Der Grund für die künftige Wut der Bayern (und anderer westlicher Völker) auf das Christentum liegt erstens in dessen religiöser Intoleranz, die es mit dem Islam teilt, und zweitens in einem extrem gefährlichen und allseits bekannten Bibelsatz.

Alle bibelmonotheistischen Religionen – Judentum, Christentum und Islam – wollen von jeher nur ihren jeweiligen Gott als den einzig wahren gelten lassen, und dies hat während der vergangenen Jahrtausende wieder und wieder zu fürchterlichen Auseinandersetzungen zwischen den genannten Glaubensrichtungen und außerdem zu grausamsten Verfolgungen heidnischer Polytheisten geführt. Es begann mit dem in der Bibel sanktionierten Abschlachten und Versklaven orientalischer Heiden durch die bronzezeitlichen Hebräer; es setzte sich mit den Juden- und Heidenverfolgungen durch das spätantike Christentum und in der extrem blutigen Ausbreitung des Islam im Frühmittelalter fort, und das Hochmittelalter war geprägt vom Irrsinn der Kreuzzüge, in deren Verlauf Christen und Moslems in einer langen Reihe von Kriegen zusammenprallten. In der Frühen Neuzeit dann drangen die Türken bis Wien vor, um das christliche Abendland für den Islam zu erobern; gleichzeitig vernichteten christliche Konquistadoren die heidnischen Kulturen Mittel- und Südamerikas, und im 19. Jahrhundert wurden auch die nichtchristlichen Ureinwohner Nordamerikas fast gänzlich ausgerottet, so dass heutzutage auf dem Territorium der USA nur noch etwa 350.000 Indianer leben.

In der Moderne schließlich kulminierte der monotheistisch begründete Hass auf alles Andersartige im sechsmillionenfachen Mord an den europäischen Juden durch die Schlächter Hitlers, der sich zeitlebens zum Katholizismus bekannte. Nach dem Zweiten Weltkrieg sodann begann der praktisch permanente Krieg zwischen Israelis und Arabern in Palästina, der bis heute fortschwelt – und seit den Angriffen moslemischer Terroristen auf das World Trade Center in New York und das Pentagon in Washington eskalierte der blutige Konflikt zwischen dem demokratischen Westen und der grausamen religionsfaschistischen Ideologie islamischer Terrororganisationen immer brutaler. Zahlreiche Länder im Nahen und Mittleren Osten sowie in Nordafrika wurden dadurch bereits aufs schlimmste destabilisiert; in Europa und den USA zählen die Opfer moslemischer Mordanschläge mittlerweile zu Tausenden; in der Türkei setzte eine brandgefährliche politische Entwicklung mit radikalislamischer Ausrichtung ein – und all dies zusammen kann schon in sehr naher Zukunft dazu führen, dass es zum Ausbruch eines Dritten Weltkrieges kommt.

Wenn dies aber passiert, dann kann es leicht geschehen, dass die Menschen, insbesondere im weitgehend aufgeklärten Europa, plötzlich wie in einem schockartigen geistigen Erwachen die tiefste Ursache für das Losbrechen des Dritten Weltkrieges erkennen: die verderbliche Unduldsamkeit und Militanz des Bibelmonotheismus, der im Abendland durch die christlichen Kirchen repräsentiert wird – und infolge dieses Begreifens kann es sodann in der Tat zu wutentbrannten und blutigen Verfolgungen der Priesterschaft bis hin zum Papst kommen, so wie die Visionäre es vorhersagen.

So viel zum ersten möglichen Grund für den Untergang der Kirchen im Abendland – und der zweite Auslöser für den plötzlich aufflammenden tödlichen Hass auf das Christentum könnte, wie bereits oben erwähnt, in einem ganz bestimmten Bibelsatz liegen. Er lautet: „Macht euch die Erde untertan!", und angesichts der schon heute sehr weit fortgeschrittenen Umweltzerstörung durch einen völlig verantwortungslosen Umgang der Industriestaaten mit der Natur wird dieser Ausspruch zunehmend als lebensbedrohende Irrlehre der christlichen Theologie empfunden. Wenn sich das derzeitige Umweltdebakel aber im Verlauf eines Dritten Weltkrieges zur ökologischen Globalkatastrophe ausweiten würde, dann könnte so etwas wie ein zutiefst verzweifelter Aufschrei durch Europa gehen: Die Schuld an dem Desaster liegt im falschen Weltbild der Bibel, welche die skrupellose Unterjochung von Mutter Erde predigte! – und eine zornentbrannte Konsequenz aus dieser erschütternden Erkenntnis könnten ebenfalls Priesterverfolgungen sein.

Am wahrscheinlichsten ist es, dass sich die beiden genannten Gründe für den Hass auf die Kirchen überlagern, und nach den Worten der Propheten wird die Wut der Menschen das Christentum und die übrigen bibelmonotheistischen Religionen vernichten. Anschließend – jedoch erst in der Epoche nach dem Dritten Weltkrieg – wird sich die Menschheit, wie die Sibylle von Prag weissagt, in religiöser

Hinsicht ganz neu orientieren. Ehe wir uns aber im letzten Kapitel dieses Buchteils mit der künftigen spirituellen Ausrichtung des Abendlandes und damit auch Bayerns beschäftigen, wollen wir den Blick auf die Zeit unmittelbar nach der Globalkatastrophe richten und untersuchen, welches Schicksal speziell die bayerischen Überlebenden in den ersten Nachkriegsjahren zu erwarten haben.

***

Der Mühlhiasl prophezeit: *„Die wenigen, die übrigbleiben, werden sich schutzsuchend aus der ganzen Umgebung innerhalb der Windberger Klostermauer sammeln. Aber dann werden sie Steine zu Brot backen und Brennnesseln essen. Man wird sagen: Ich habe Graswurzeln gegessen.“* (Die Davongekommenen richten sich notdürftig an Plätzen ein, die ihnen einigermaßen sicheren Unterschlupf bieten; die Klosteranlage von Windberg dürfte nur einer dieser Orte in Bayern sein. In diesen Refugien fehlt es aber offenbar an Lebensmitteln, so dass sich die Menschen ähnlich wie in den Hungerzeiten früherer Jahrhunderte mit einfachster, kaum genießbarer Nahrung zufriedengeben müssen.)

Eine Aussage von Alois Irlmaier bestätigt die Angaben des Mühlhiasl und gibt zudem einen zeitlichen Hinweis: *„Wenn der Herbst kommt, sammeln sich die Leute in Frieden. Zuerst ist noch eine Hungersnot.“*

Warum die Menschen schützende und teilweise sogar ummauerte Plätze wie das ehemalige Kloster Windberg aufsuchen müssen, erklärt der Bauer aus dem Waldviertel: *„Ein Mann war an eine Säule oder ähnliches gefesselt. Zwei jüngere Männer gingen vor ihm umher und sprachen mir nicht Verständliches. Es herrschte eine gespannte, unfreundliche Atmosphäre. Mir schien es, als wollten sie ihn erpressen. Der Mann rührte sich aber nicht. Sie quälten ihn auch mit einem Messer oder ähnlichem. Der Mann blieb stumm. Da ging der Mann mit dem etwas längeren blonden Haar auf ihn zu, erschoss ihn, drehte sich um und* *ging. Es waren nur Menschen europäischen Typs zu sehen.*" (Nach dem Krieg ist, zumindest teilweise, Anarchie ausgebrochen, und es kommt zu scheußlichen Greueltaten durch Leute, die ihren niedrigen Instinkten jetzt die Zügel schießen lassen. – Der Mord, den der Bauer aus dem Waldviertel schildert, ereignet sich nach einer Angabe, welche der Visionär an anderer Stelle macht, irgendwo in Oberösterreich, und es ist anzunehmen, dass ähnlich gesetzlose Zustände auch in Bayern herrschen werden.)

Andreas Stormberger beschreibt die Situation in der ersten Nachkriegszeit im Bayerischen Wald: *„Die Leute werden so wenig sein, dass man sie leicht zählen kann."*

Das gleiche drückt der Waldhirte Prokop mit den beklemmenden Sätzen aus: *„Und einmal ist alles finster, und drunten auf der Waldhausstraß' geht einer mit einem brennenden Ast und schreit: Bin i wirkli no da Letzt'? Bin i wirkli no da oanzig'?"* (Der Bayerwald ist also beinahe menschenleer, und die wenigen, die den Krieg überstanden haben, irren verzweifelt umher.)

***

Allmählich aber scheint sich die Lage in Bayern zu konsolidieren, weil die Überlebenden Unterstützung erhalten.

Alois Irlmaier: *„Dann kommen so viele Lebensmittel herein, dass alle satt werden."* (Woher und von wem diese Hilfslieferungen stammen, sagt der Prophet nicht; hier kann man lediglich spekulieren und annehmen, dass es noch Regionen in Europa oder vielleicht auch anderswo in der Welt gibt, deren Bevölkerung willens und imstande ist, humanitäre Hilfe zu leisten.)

Irlmaier fährt sodann fort: *„Die landlosen Leute ziehen jetzt dahin, wo die Wüste entstanden ist. Jeder kann siedeln, wo er mag, und Land haben, so viel er bebauen kann."* (Warum sich die heimatlosen Menschen aus Bayern ausgerechnet in einer Wüste niederlassen sollen, ist rätselhaft; eventuell drückt sich der Visionär hier jedoch nicht präzise aus und meint in Wahrheit, dass die Ländereien, welche neu besiedelt werden, an eine Wüstenlandschaft angrenzen.)

Wie diese Wüsten- oder vielleicht auch nur Steppenregion aussieht und wie mühsam man sich dort durchschlagen muss, schildert möglicherweise der Bauer aus dem Waldviertel: *„Wir kamen in ein wahrscheinlich südlicheres Gebiet – es gab schon wieder Sträucher, aber kaum Gras. Wir bauten uns davon Hütten, aber nicht mit hängendem Geflecht wie die der Eingeborenen tropischer Gebiete und die der Buschmänner (wasserabweisend), sondern mit querliegendem Geflecht. (Sicher gibt es zu der Zeit keinen Regen.) Uns waren dabei mehrere Personen. Anschließend machte ich Jagd auf Essbares. Es waren vorwiegend Eidechsen oder ähnliche Tiere. Ich kann mich nicht erinnern, dass wir an ein größeres Gewässer gekommen wären oder dass wir einmal sehr gefroren hätten. Wir benutzen nie viel Kleidung. Es friert uns nicht dabei."*

Von einer Auswanderung zahlreicher Menschen aus zerstörten bayerischen Landesteilen spricht auch Andreas Stormberger: *„Die Leute werden vor dem Hunger und dem Sterben davonrennen. Sie werden in andere Länder laufen, die im Krieg entvölkert worden sind, und wo keiner mehr lebt. Dort werden eure Nachkommen von vorne anfangen, und eure Häuser hier im Wald werden zu Fuchs- und Wolfshütten werden."*

Der Mühlhiasl sieht drei Emigrationswellen von Menschen aus Bayern oder dem Bayerischen Wald: *„Der erste Schub tut mit Freuden fort. Der zweite geht auch noch gern. Die Dritten aber wollen nicht mehr, weil man von den Ersten und Zweiten nichts mehr hört und sieht. Die Dritten werden auf den Wagen gebunden. Die müssen fort. Die gehen in ein anderes Land, wo es warm ist."* (Wenn unwillige Auswanderer auf Fuhrwerken festgebunden und gewaltsam weggebracht werden, muss bereits wieder so etwas wie eine übergeordnete Autorität existieren. Diese Macht gebärdet sich hier ziemlich despotisch; vielleicht aber geschieht dies notgedrungen zum Wohl der betroffenen Menschen, weil ein Verbleiben in der alten Heimat für sie aus irgendwelchen Gründen gefährlich wäre. – Interessant ist die Aussage des

Mühlhiasl, wonach die Emigranten auf einfache Wagen gebunden werden; es können demnach keine Fahrzeuge mehr eingesetzt werden, wie wir sie aus unseren Tagen kennen.)

Sepp Wudy erklärt dazu: *„Es wird dann wieder so sein wie vor hundert Jahren. So wird es die Leute zurückwerfen, und so werden sie für ihren Übermut bestraft. Es wird schlimm, und die Nachgeborenen müssen erst wieder schreiben und lesen lernen.“* (Der Knecht vom Frischwinkel machte diese Äußerungen um das Jahr 1900, und durch seine Angabe, es werde die Menschen, von seiner Zeit aus gesehen, um hundert Jahre zurückwerfen, stellt er klar, dass das Dasein nach der Globalkatastrophe ähnlich mühsam wie Anno 1800 sein wird. Außerdem deutet Wudy an, dass die Überlebenden, vermutlich aufgrund des brutalen Daseinskampfes, einen gravierenden Bildungsverlust erleiden werden. Wie es aussieht, verlernen sie sogar das Lesen und Schreiben, und erst ihre Nachkommen werden wieder die Möglichkeit haben, eine Schule zu besuchen.)

Auf ähnliche Weise beleuchtet Merlin die Situation nach dem Dritten Weltkrieg, und was der Druide für Britannien erschaute, gilt sicherlich auch für Bayern: *„Diejenigen, die am Leben geblieben sind, werden den Ort ihrer Geburt verlassen und werden ihre Saat in die Felder anderer Menschen säen. – Die Nacken der Brüllenden werden sie mit Ketten beladen und werden abermals die Tage ihrer Vorfahren leben.“* (Rinder ziehen also wieder die Pflüge und Fuhrwerke, und das Dasein der Davongekommenen scheint wie vor Jahrhunderten rein agrarisch ausgerichtet zu sein.)

Was die landwirtschaftlichen Möglichkeiten in der Zeit unmittelbar nach dem Krieg angeht, sagt der Bauer aus Selb: *„Zwei bis drei Jahre nach der Katastrophe wird das Land wieder bewirtschaftet.“* (Diese Angabe bezieht sich unter Umständen nur auf das Fichtelgebirge, anderenorts könnte es bedeutend länger dauern, bis die Agrarwirtschaft auf dem Niveau des vorindustriellen Zeitalters in Gang kommt und das Dasein der Davongekommenen langsam wieder lebenswert wird, so dass sie mit einer gewissen Hoffnung in die Zukunft blicken können.)

Welche Entwicklung wird Bayern in der Epoche nach der Globalkatastrophe nehmen?

Für das Zeitalter, das auf den Dritten Weltkrieg folgt, prophezeien die Visionäre einen neuen Aufschwung der Menschheit. Dann wird auch Bayern – allerdings auf ganz andere Art als vor dem Krieg – wieder blühen, und wie die Lebensumstände in dieser Epoche sein werden, soll nun abschließend untersucht werden.

„Nachher, wenn die Welt abgeräumt ist, kommt eine schöne Zeit", weissagt der Mühlhiasl. *„Dann kannst du dir um ein goldenes Zehn-Mark-Stückl einen Bauernhof kaufen und um ein Zwanzig-Mark-Stückl eine Villa."* (Die Markstücke sind wahrscheinlich bildlich zu interpretieren; im Prinzip drückt der Bayerwaldprophet aus, dass es den Menschen nicht schwerfallen wird, sich eine solide Existenzgrundlage zu schaffen und sogar Wohlstand zu erwerben.)

Alois Irlmaier verkündet: *„Nach der großen Katastrophe wird eine lange, glückliche Zeit kommen. Wer's erlebt, dem geht's gut, der kann sich glücklich preisen. – Durch die Klimaänderung wird bei uns wieder Wein angebaut. Es werden Südfrüchte bei uns wachsen. Es ist viel wärmer als jetzt."* (Bayern scheint sich nun eines sehr sonnigen, vielleicht subtropischen Klimas zu erfreuen, was mit dem Kippen der Erdachse und der damit verbundenen Polverschiebung während des Dritten Weltkrieges zusammenhängen könnte.)

Bartholomäus Holzhauser erklärt: *„Es wird eine große Kette gewunden werden zum Bande des Friedens. Eine große und wunderbare Kette, welche die ganze Welt und ihre Bewohner in Einheit umfassen wird."* (Das bedeutet, dass auch Bayern Teil dieses globalen Friedensreiches sein wird.)

Der blinde Hirte von Prag bestätigt Holzhausers Aussage: *„Dann wird über die Welt ein neues Zeitalter kommen, das man das Goldene nennen wird."*

Und der Mühlhiasl präzisiert: *„Recht wird wieder Recht sein, und der Friede wird tausend Jahre gelten."*

***

Zur künftigen Gesellschaftsordnung in Mitteleuropa äußert sich der Bauer aus dem Waldviertel: *„Es ist leicht erklärbar, dass in einer solchen Situation eine Führungsperson auserkoren wird, deren Titel allerdings nicht einmal eine untergeordnete Rolle spielt und mit den Mätzchen des bekannten Monarchismus nichts gemein hat. Bei der Krönung bin ich selbst dabei. Daher weiß ich auch, wer Deutscher Kaiser wird. – Drei Männer sitzen mit dem Rücken nach Süden an einer Wand. In der Mitte der, der Deutscher Kaiser wird; einer wird österreichischer; der andere, so viel ich mich erinnern kann, ungarischer."* (Diese Prophezeiung bezieht sich freilich eindeutig auf die Zeit unmittelbar nach dem Dritten Weltkrieg. Und ob sich jene rein männlich definierte und letztlich doch traditionell gedachte Monarchie, die vielleicht noch aus der Verwirrung der Davongekommenen heraus entsteht, auf Dauer halten kann, ist eine ganz andere Frage, die eher negativ zu beantworten ist.)

Sehr viel interessanter klingt das, was die Sibylle von Prag vorhersagt: *„Dann wird die untergegangene Tillenstadt in ihrem früheren Glanz wieder aus dem Bergesdunkel emportauchen."* (Die vorchristliche, vermutlich keltische „Tillenstadt" in der Oberpfalz, die in ihrem einstigen Glanz wiederersteht, symbolisiert wohl eine Renaissance des Keltentums; eine allgemeine Rückbesinnung auf die faszinierendste und humanste Kultur der europäischen Geschichte.)

Mit Blick auf die spirituelle Ausrichtung der zukünftigen Zivilisation fährt die Sibylle fort: *„Nachher werden neue Religionen ersonnen. Die Geister der alten Welt kommen wieder zu Ehren. Dort, wo heute die Statue des heiligen Wenzel steht, wird ein hoher Turm einen neuen Tempel krönen. Prächtig wird dieser Tempel sein, aus Gold und Silber erbaut."* (Unter den Geistern der alten Welt sind zweifellos die vorchristlichen Göttinnen, Götter und sonstigen überirdischen Wesen zu verstehen. Sie werden wieder in den ihnen gemäßen heidnischen Tempeln verehrt, und eine dieser Weihestätten an der Moldau beschreibt die Sibylle von Prag recht genau. Der von einem Turm überhöhte Tempelbau leuchtet in den Farben Gold und Silber – und dies deutet abermals auf eine Renaissance der keltischen Kultur hin, denn im Denken der Kelten hatten Silber und Gold gleich doppelte religiöse Bedeutung. Das weiße Silber nämlich steht für die gebärende und das rote Gold für die mütterliche, nährende Erscheinungsform der keltischen Hauptgottheit: der Großen Göttin – und zugleich symbolisiert das Gold die Sonne, respektive den keltischen Sonnengott Lugh, während das Silber die Mondin beziehungsweise die Mondgöttin Arianrhod versinnbildlicht, welche eine weitere Emanation der Großen Göttin ist. Man betet in Böhmen also wieder zu den genannten und gewiss auch zu den übrigen keltischen Gottheiten, und in Bayern, wo die „Tillenstadt" von neuem erstanden ist, hat man sich bestimmt ebenfalls wieder der alteuropäischen Religion der Kelten zugewandt.)

Merlin bestätigt die Schauung der Sibylle von Prag, wenn er sagt: *„Ein Widder wird erscheinen; er trägt goldene Hörner und einen silbernen Bart. In den Tagen des Widders wird Frieden herrschen, und die Ernten werden wegen des Reichtums der Erde im Übermaß ausfallen. Die Frauen werden sich gleich Schlangen fortbewegen, und jeder Schritt, den sie tun, wird von hoher Anmut sein."* (In den goldenen Hörnern und dem silbernen Bart des göttlichen Widders erkennen wir abermals die heilige keltische Farbensymbolik, welche auf die oben genannten Gottheiten Bezug nimmt. Und die Große Göttin, welche auch die Mutter Erde ist, wird vom Sonnengott liebevoll befruchtet, so dass die Menschen reiche Ernten einbringen können. Schließlich spricht Merlin mit dem Bild von den Frauen, die mit hoher Anmut dahinschreiten, die neuerworbene Würde und Schönheit des Menschengeschlechts an – und was den Vergleich der Frauen mit den Schlangen betrifft, so drückt sich darin noch einmal heilige keltische Metaphorik aus. Denn die sich jedes Jahr häutende und sich damit quasi erneuernde Schlange steht im alteuropäischen Denken für das göttliche Geschenk der Wiedergeburt, und die schlangengleich sich fortbewegenden Frauen sind im Gleichnis Merlins diejenigen, welche die Reinkarnation in der irdischen Welt ermöglichen.)

In ihrer letzten Prophezeiung beschreibt die Sibylle von Prag im einzelnen, welch humane und weise Zivilisation in der Epoche nach der Globalkatastrophe aufgeblüht ist: *„Die Menschheit wird froher sein und freier, sie wird aber auch um vieles bescheidener sein. Jetzt werden die Schafe lernen, ihren Geist zu gebrauchen. Sie werden Lüge und Dogma verdammen. – Die Arbeit ihres Geistes wird an die Stelle der Fron ihrer Hände treten. Die Felder werden ein Mehrfaches von dem tragen, was heute als großer Segen angesehen wird. In vier Stunden wird die Menschheit ihr Tagwerk vollbringen. – Zum blauen Firmament steigt im Osten ein stolzer Adler. Im Wind wiegen sich goldene Felder. Glückliche Menschen bewohnen die Häuser. Den weiten Raum erfüllt frohes Kinderlachen. – Ein Mensch durcheilt die Lüfte. Er wird wie von Engelsflügeln gehalten. Mit beiden Händen spendet er den Ländern, die er überfliegt, seinen Segen."* (Das Dasein der Völker, auch des bayerischen Volkes, ist leicht und erfüllt geworden. Überall lebt man in friedlichem Einklang mit der jetzt wieder heilen Natur. Und dies wurde erreicht, weil die „Schafe" – so werden in den christlichen Evangelien häufig die Menschen bezeichnet – gelernt haben, ihre positiven geistigen und spirituellen Fähigkeiten zu entwickeln, so dass sie für jene Lügen und Dogmen, die zum Dritten Weltkrieg führten, nicht länger anfällig sind.)

Am Ende soll noch einmal Merlin zu Wort kommen: *„Ein grauhaariger alter Mann auf schneeweißem Roß wird einen Fluss in Cymru (Wales)* umleiten, und über dem Strom wird er mit seinem weißen Stab den Grund für eine Mühle ausmessen."* (Dies korrespondiert mit der oben zitierten Aussage der Sibylle von Prag, wonach die Menschheit der Zukunft um vieles bescheidener sein werde. Merlin schildert, wie diese weise Bescheidenheit aussieht. Ein grauhaariger Mann auf einem Schimmel, in dem sich ein geistig sehr hochstehender Druide erkennen lässt, ist sich keineswegs zu schade, den Grund für eine Mühle an einem von ihm umgeleiteten Fluss auszumessen. Und das heißt: Es gibt keinen größenwahnsinnigen, rücksichtslosen Machbarkeitswahn wie in unserer Zeit mehr, sondern Ehrfurcht vor der

Mutter Erde ist oberstes Gebot, und wenn Eingriffe in die Natur nötig sind, dann werden sie unter Anleitung einer druidischen Elite behutsam und achtungsvoll ausgeführt.)

Nachwort

Stets war das von der Natur vielfach begünstigte Bayern ein Land, in dem es sich gut und in mancher Hinsicht vielleicht sogar besser als anderswo leben ließ. Auch heute noch dürfen sich all jene, die ihre Heimat innerhalb der weiß-blauen Grenzen haben, glücklich schätzen – und zu diesen Menschen gehöre auch ich, der Autor des vorliegenden Buches.

„Blauäugige" oder gar blinde Glückseligkeit jedoch liegen mir aus guten Gründen keineswegs, und nicht zuletzt deswegen fühlte ich mich einmal mehr verpflichtet, mich intensiv mit den Warnungen bayerischer und anderer europäischer Propheten vor einer drohenden Globalkatastrophe zu beschäftigen. Denn selbst wenn man kein Visionär ist, kann man leicht erkennen, dass die Gefahr einer „Apokalypse" immer größer wird.

Die Natur leidet wie nie in der Menschheitsgeschichte; vielfach sind die subtilen, in Jahrmillionen gewachsenen ökologischen Systeme der Erde bereits schwer in Mitleidenschaft gezogen oder sogar irreparabel zerstört. Und wenn diese verheerende, insbesondere vom skrupellosen Neokapitalismus zu verantwortende Entwicklung nicht konsequent gestoppt wird, könnten schon in naher Zukunft große Teile des Planeten unbewohnbar werden, und eine Milliarde Männer, Frauen und Kinder würden, laut einer Schätzung der UNO, als Opfer gigantischer Wirbelstürme, sintflutartiger Überschwemmungen, furchtbarer Hitzeeinbrüche und grauenhafter Hungersnöte ihr Leben verlieren.

Dies ist das eine mögliche Desaster, das uns allen bevorstehen kann – und darüber hinaus deutet viel darauf hin, dass in absehbarer Zeit auch noch ein Dritter Weltkrieg ausbrechen könnte: jene grauenhafte Globalkatastrophe, vor der uns die Propheten so eindringlich warnen.

Ich befürchte, dass die Schauungen der Visionäre grausamste Realität werden könnten. Fast alles deutet gegenwärtig auf einen entsetzlichen Absturz der Menschheit hin; auf ein Desaster, das einerseits durch die bereits weit fortgeschrittene Umweltzerstörung und andererseits durch gravierende politische Fehler des Westens und anderer Großmächte sowie durch den Terror fanatischer Moslems ausgelöst werden würde. Die Chancen, das Verhängnis noch aufzuhalten, sind meiner Einschätzung nach gering – dennoch bleibt ein Stück Hoffnung.

Obwohl sehr viele Bürger den Scharlatanen in der Politik, den skrupellosen Konsumpredigern aus der Wirtschaft und den Volksverdummern in gewissen Massenmedien auf den Leim gehen, gibt es noch immer denkende, kritische und verantwortungsbewusste Menschen. Und auf diese Frauen und Männer – die wahre Elite der Gesellschaft – setze ich; sie rufe ich zum gemeinsamen Kampf gegen das Verhängnis auf, und ich tue es im Bewusstsein, dass eine Menge kleiner Schritte zu einer großen Bewegung werden können.

Jeder von uns sollte bei sich selbst anfangen und zunächst einmal das scheinbar Profane tun: so viel Energie wie möglich in den eigenen vier Wänden sparen, einen bescheideneren Wagen als bisher fahren, den Urlaub in Europa und nicht in Übersee verbringen und anderes in dieser Richtung mehr. So kann durch vielfache private Einsicht die Umwelt geschützt werden – und zudem sollten auch unsere Kinder vor Schäden bewahrt werden, indem wir ihnen beispielsweise klarmachen, dass die „Handys" mit ihren aggressiven Ultrakurzwellen keineswegs echte Lebensqualität darstellen, sondern – wie so mancher Arzt befürchtet – unter Umständen Gehirnzellen zerstören können. Gleichermaßen sollten unsere Kinder lernen, wieder im Freien zu spielen, statt stunden- und tagelang vor dem Fernseher zu sitzen oder sich mit PC-Killerspielen zu „vergnügen", die grässliche psychische Auswirkungen bis hin zur Bereitschaft zum Amoklauf haben können.

Der Bayerwald-Seher Josef Kronschnabl warnte bereits vor Jahren vor einer Jugend, welche durch die fatalen Auswirkungen der UKW-Strahlung von Mobiltelefonen und der Computerspiele später, im Erwachsenenalter, kriminell und gewalttätig werden könnte – und wenn man hier einen Schritt weiterdenkt, wird man begreifen, dass solch emotional kranke Menschen dann auch fähig wären, einen Krieg kritiklos zu billigen oder sich sogar mit perverser Lust daran zu beteiligen.

Manchmal will es mir scheinen, als wäre genau dies das Ziel von dunklen Mächten, welche die moderne Konsumgesellschaft aus dem Verborgenen heraus manipulieren wollen. Johannes von Jerusalem spricht in diesem Zusammenhang davon, dass eine „finstere, heimliche Ordnung" herrsche, und immer wieder drängt sich mir, wenn ich darüber reflektiere, der Verdacht auf: Diese Dunklen sind irgendwo hinter den Kulissen der global agierenden Megakonzerne zu suchen.

Wenn es so wäre, hielten hochintelligente, jedoch erzverbrecherische Wahnsinnige die Fäden in den Händen, an denen das Schicksal der Menschheit hängt – und falls irrsinnige Kriminelle die Zukunft der Welt bestimmen, dann kann das zuletzt in der Tat nur mit einer globalen „Apokalypse" enden.

Aber ob wir nun wirklich irgendwelchen finsteren Drahtziehern ausgeliefert sind oder nicht – ganz sicher lässt sich sagen, dass die Gefahr einer Globalkatastrophe immer größer wird, und dass die Zeiger der Uhr nicht mehr Minuten, sondern höchstens noch Sekunden vor der Zwölf stehen. Und deshalb ist es allerhöchste Zeit, das Ruder herumzureißen und alles zu tun, um das Desaster, das der Erde und ihren Bewohnern droht, doch noch abzuwenden.

Bei uns selbst und in unserem nächsten Umfeld müssen wir, wie gesagt, beginnen; zugleich jedoch sollten wir in gesellschaftlicher Hinsicht entschlossene, kämpferische und am besten auch massenhaft organisierte Zivilcourage zeigen. Nur dadurch nämlich ließe sich ein gravierender Richtungswechsel in der Politik erstreiten, und einzig auf diesem Weg könnte auch den verantwortungslosen Machenschaften von Großindustrie und Massenmedien Paroli geboten werden.

Außerdem müsste alles getan werden, um eine womöglich gezielt gesteuerte Entwicklung umzudrehen, die unsere Gesellschaft im Innersten schädigt. Die Rede ist von fatalem Werteverlust, der in den neokapitalistischen Staaten mittlerweile breite Bevölkerungsschichten erfasst hat und der ebenfalls zu einem Auslöser für den Absturz in die Katastrophe werden könnte.

Eine Bedrohung unserer humanen Werte kommt aber oft auch von islamischer Seite: Wenn die Politik es gestattet, dass sich Millionen Moslems, die zumeist keineswegs Demokraten sind, sondern der Scharia anhängen, in Europa niederlassen, dann kann auch das – wie die Praxis längst zeigt – brandgefährliche Auswirkungen haben.

Noch haben wir die Möglichkeit, uns zu besinnen und eine Umkehr zu versuchen. Und nur wenn wir das ohne Zögern und ab sofort tun, haben wir – vielleicht – eine Chance, die „Apokalypse" in letzter Sekunde zu verhindern.

Verwendete Literatur

Bekh, Wolfgang Johannes: „Bayerische Hellseher".
Knaur Verlag, 1985.

Berndt, Stephan: „Prophezeiungen – Alte Nachrichten in neuer Zeit". G.-Reichel-Verlag, 2001.

Böckl, Manfred: „Es wird einen großen muslimischen Krieg geben". Mühlhiasl, Irlmaier, Baba Wanga und andere Propheten sowie die dritte Fatima-Prophezeiung mit Blick auf den Islam-Terrorismus ganz neu interpretiert". Kindle, 2016.

Böckl, Manfred: „Mühlhiasl – Der Seher vom Rabenstein".
SüdOst-Verlag, 2005.

Böckl, Manfred: „Der Mühlhiasl. Seine Prophezeiungen.
Sein Wissen um Erdstrahlen, Kraftplätze und Heilige Orte.
Sein verborgenes Leben". Buch & Kunstverlag Oberpfalz, 1998.

Böckl, Manfred: „Der Prophet aus dem Böhmerwald".
Verlagsanstalt Bayerland, 2006.

Böckl, Manfred: „Sibylle von Prag". SüdOst-Verlag, 1998.

Böckl, Manfred: „Johannes von Jerusalem". SüdOst-Verlag, 1998.

Böckl, Manfred: „Merlin. Leben und Vermächtnis des keltischen Menschheitslehrers".
Arun Verlag, 2006.

Böckl, Manfred: „Merlin. Der Druide von Camelot".
Aufbau Verlag, 2007.

DeGard, Leo H.: „Armageddon". Kopp Verlag, 2005.

Erbstein, Max: „Der Blinde Jüngling". Aufstieg Verlag, 1950.

Friedl, Paul (Baumsteftenlenz): „Prophezeiungen aus dem bayerisch-böhmischen Raum".
Rosenheimer Verlag, 1974.

Galvieski, N. N.: „Le livre des propheties".
Editions Jean-Claude Lattès, 1994.

Gustafsson, A.: „Merkwürdige Gesichte! Die Zukunft der Völker, gesehen vom Eismeerfischer Anton Johansson aus Lebesby". Sverigefondens Förlag, 1953.

Jungmann, Emanuel: „Die Weissagungen des Blinden Jünglings". Keine Verlagsangabe, 1922.

Meiereder, Alois (Hrg.): „Berta – Bäuerin aus dem Bayerwald". Selbstverlag, 2002.

Sibylle, Michalda: „Die Prophezeiung der Sibylle Michalda". Erstmals erschienen in Eger, 1616. (Private Übersetzung)

...mehr Bücher von
Manfred Böckl

Manfred Böckl
Oft war es wie im Roman
Mein Schriftstellerleben mit allen Höhen, Tiefen,
Verrücktheiten, Erkenntnissen und vielem mehr
1. Aufl. 2018, Format 13,5 x 20,5 cm, 280 Seiten, Hardcover
ISBN 978-3-86646-783-5   **Preis: 16,90 EUR**

Heimat
battenberg
gietl verlag

Battenberg Gietl Verlag GmbH
Postfach 166 · 93122 Regenstauf · Tel. 0 94 02 / 93 37-0 · Fax 0 94 02 / 93 37-24
Internet: www.battenberg-gietl.de · E-mail: info@battenberg-gietl.de

Manfred Böckl
Die Kaiserhure
1. Auflage 2015, 248 Seiten,
Format 13,5 x 20,5 cm, Hardcover
ISBN 978-3-86646-704-0
Preis: 16,90 EUR

Manfred Böckl
Die Leibeigenen
1. Auflage 2015, 208 Seiten,
Format 13,5 x 20,5 cm, Hardcover
ISBN 978-3-86646-703-3
Preis: 16,90 EUR

Manfred Böckl
Das Amulett aus Keltengold
1. Auflage 2015, 232 Seiten,
Format 13,5 x 20,5 cm, Hardcover
ISBN 978-3-86646-702-6
Preis: 16,90 EUR

Manfred Böckl
Das Mysterium der Erdställe
1. Auflage 2015, 104 Seiten,
Format 13,5 x 20,5 cm, Hardcover,
farbiger Bildteil
ISBN 978-3-86646-715-6
Preis: 13,90 EUR